JN213431

なぜ、
あの人との
会話は
噛み合わない
のか

米澤創一

プレジデント社

Ａさんは、同僚で同期入社のＢさんに声をかけました。
最近、仕事の忙しさが限界を超えそうになっていて、
「ちょっと話を聞いてもらえたら、
少しは気がラクになるかな」と思ったのです。

Ａさん「ねえ……ちょっといい？　最近、毎日のように夜中まで残業しててさ、正直かなりしんどいんだよね……。先週なんて一度も日付変わる前に帰れなかったし、体もだるくて……」

Ｂさん「そっか、夜中までかあ。夜ごはんとかどうしてるの？」

Ａさん「うん……もう疲れがたまりすぎてるのか、昨日なんてコンビニのおにぎり１個しか食べられなくて……」

Bさん「おにぎり？　そういえばね、この前すっごくおいしいおにぎり屋さんを見つけたんだ！　具が梅とか鮭とか、いろいろ選べるし、海苔もめちゃパリパリ。最近ハマっちゃって、しょっちゅう行ってるんだよね！」

Aさん「……へえ、そうなんだね」

Bさん「とにかくそのお店、ほんとにおいしいから、今度絶対行こうよ！　お店のおばあちゃんがすっごく優しくて、なんか昭和の雰囲気を感じるのがまた良くてさ……」

Aさんは「いや、それが話したかったんじゃないんだけど……」と思いながら、途中で話をさえぎるのも悪いし、と苦笑いをするしかありませんでした――

あなたは、ふたりの会話を読んでどう思いましたか？

「なんだかBさんは空気が読めない人」「Aさんがかわいそう」という感想が浮かぶかもしれません。あるいは「Bさんなりの気づかいが裏目に出ただけでは？」と感じた方もいるでしょう。

実は、こんなふうに「噛み合わない会話」が起きるとき、それぞれの思考の過程にヒントが隠れています。

AさんとBさんの会話も、まさに噛み合わない会話の一例になってしまいました。

Aさんの意図は、「多忙さが限界を迎えていて、誰かに共感や労いの言葉をかけてもらいたい」「愚痴を聞いてもらいたい」という、ただそれだけでした。

疲れていて食欲がないことの引き合いとして、たまたま、おにぎりを使っただけなのに、思わぬところにBさんは食いついてしまったのです（おにぎりだけに……）。

BさんはAさんの意図をまったく汲めず、自分が好きなおにぎり屋さんの話を延々と続けて、最後には「一緒に行こう！」と提案。

結果、Aさんは望んでいた「思いを汲み取ってもらう」ことができませんでした。

今回の例では、Bさんを無邪気なキャラとして描いているので、Bさん自身は不快になっていませんが、もし別の性格だったら「なんかあの人の反応、気に入らない」と険悪になるかもしれません。こういうことが続けば、AさんはBさんに相談しづらくなりますよね。双方にとって不幸な展開です。

こんな**「噛み合わない会話」「対人関係」って、どうして起こるのか。そして、どうすれば改善できるのか。**

本書では、この原因や対策を詳しく明らかにしていきます。理屈だけでなく、仕事やプライベートで今すぐ試せる具体的なヒントが満載です。読んでいくうちに、あなた自身の強みやクセに気づき、周囲とのやり取りを格段にスムーズにする術《すべ》が自然と身につくはずです。

「別に大きなトラブルはないけれど、なんだかスッキリしない」そんな小さな違和感を抱える方にも、本書はきっと新しい視点をもたらします。

どこかで会話が食い違ったとき、〝ああ、これはあのパターンかもしれない〟と気づけるだけで、相手との関係を修復するきっかけが見えてくるでしょう。

はじめまして。米澤創一《よねざわそういち》と申します。

京都大学を卒業後、27年近く、外資系のコンサルティングファームに勤めてきました。現在は慶應義塾大学大学院システムデザイン・マネジメント研究科（ＳＤＭ研究科）の特別招聘教授として教鞭をとっています。研究科の設立以来関わっていますので、今年で18年目になります。

経歴を聞いて華々しい働きぶりをご想像される方もいるかもしれませんが、私はひどく不器用な人間で、新しく始めることについては大概、苦戦します。

コンサルティングファーム入社直後の研修では最低評価を受け、ようやく配属されたプロジェクトもたった3か月でクビになりました。同期の中では最速。それほどまでに、仕事ができなさすぎたのです。

決して、ラクをしようとかサボろうと思っていたわけではありません。自分としてはできる限り一生懸命に働いていたつもりだったのですが、その努力は完全に空回りでした。

コミュニケーションについても同様です。基本的な知識も不足しているうえに、全体像や目的が把握できていないので、些細なことと重要なことの識別ができません。

結果、無駄な質問をしたり、重要なポイントを確認できなかったりしました。そんなことを繰り返しているうちに、自分の存在が周囲に迷惑をかけているのではないかと思い、質問することを躊躇するようになってしまいました。質問すべきことを質問していないのですから失敗は増えます。悪循環です。

すべてにおいて、何が大切かを理解せず、ただがむしゃらに目の前にあるものに食らいついていたような感じです。言われたことを、その目的も意識せずにやっているのですから、そりゃあ、望む結果が得られないのは当たり前です。

だからこそ、噛み合わない会話に苦しんだり、空回りに悩んだりする人の気持ちはよくわかります。

そんな落ちこぼれだった私も、その後、難易度の高いプロジェクトの責任者やグローバル組織の日本の責任者、品質保証責任者、教育責任者などを担えるようになりました。意識してきたのは、**「目の前の現象や言葉に振り回されるのではなく、その時点、その立場、その状況において最も大切なものは何かを把握する」**思考習慣です。

私はこれを**「本質思考」**と呼んでいます。

本質思考はプロジェクトマネジメントや問題解決、戦略立案などでも役立ちますが、とりわけ**コミュニケーションや人間関係の場面で大きな効果を発揮**します。

コミュニケーションの「具体」と「抽象」

冒頭の事例に戻りましょう。

AさんとBさんの会話において、Bさんに足りなかったのは、**「文脈や状況を踏まえ、今、何が求められているか」**を汲むことでした。Aさんの真の要望は何か？　今ここでいちばん必要なことは？　それを立ち止まって考えるべきだったんです。

Aさんの望みは「仕事が忙しすぎてしんどい」「もう限界だ」と感じている気持ちを誰かに受け止めてもらうことでした。ちょっと同情してくれたり、労ったりしてくれるだけで、少しは心がラクになるのではと思ったのです。

ところが、BさんはAさんの要望を考えることなく、会話の中でたまたま引き合いに出された「おにぎり」という単語に飛びつき、Aさんの望みとはかけ離れた「おにぎり屋」談義を続けてしまいます。

じつは、Bさんのように文脈を無視して単語だけに飛びつくのは、「会話全体の目的や背景を捉えられない」という、いわば「抽象化能力」の不足が原因です。「抽象化能力」は本質思考を支えるとても重要な要素のひとつです。

ここでの「抽象化能力」は、単に言葉をまとめたり概念化したりする力というよりも、「会話や状況の全体像を見渡し、その中で何が最も重要かを見極める」力を指しています（本書で定義する「抽象化能力」は多くの意味を持ちます）。

もしBさんが、この力を意識的に働かせて「Aさんは今何を求めて話しかけてきたのだろう？」という視点を持つことができていれば、〝おにぎり〟という単語に飛びつく前に、Aさんが感じているつらさへ自然に目を向けられたはずです。

今回の例での「嚙み合わなさ」はBさんの抽象化能力が不足していたことが一因だと考えられます。

コミュニケーションを嚙み合うものにするには、〝話の目的・全体〟を捉える抽象的な視点と、〝話の詳細〟を捉える具体的な視点の両面が必要です。

本書では、この「具体と抽象」をキーワードに、コミュニケーションの本質に迫っていきます。

「困った人」との会話の処方箋

Aさんと Bさんの会話が噛み合わなかったのは、Bさんが文脈に関係のない単語に飛びついてしまったから。そしてそれはBさんに抽象化能力が欠けていたからだ、とご説明してきました。

ここで、もう一歩踏み込んで考えてみます。

Aさんにできることはなかったのでしょうか？

先にお伝えしたように、私はコンサルティングファームで、大規模なプロジェクトのマネージャーや教育責任者などを歴任してきました。そこでは、直接、間接の関わりを含めると数千人の若者を見てきています。SDM研究科でもその設立から教鞭をとっていますし、関連する研修の講師も務めていますので、こちらでも、数千人の学生を教えてきたことになります。

経験の浅い若手社員や学生は、本質思考の観点からはまだまだ途上にいます。会話の場面で、Bさんのような「困った人」になってしまうケースも多々あります。

本書を手に取ってくださったあなたも、部下やチームメンバーに対して、あるいは上司であっても、そのような人に悩まされているかもしれません。

しかし、だからといって「あいつはダメだ」「困った奴だ」と決めつけ、ミスコミュニケーションを放置していると、多くのことに悪影響を及ぼします。

意思疎通の齟齬《そご》がもたらす業務効率の低下、人間関係の徐々な悪化、組織としての意思決定の遅延、メンバーのモチベーション低下、チームワークの質の低下……。

特に現代のビジネス環境においては、この問題の重要性は増しています。リモートワークの普及により対面でのコミュニケーションが減少し、また、情報過多の時代において的確な意思疎通の重要性は高まる一方だからです。

気持ちのいい人間関係を築くため、ビジネスの成果につなげるためには、**ミスコミュニケーションの責任を相手に押しつけるのではなく、互いに歩み寄ることが不可欠**です。コミュニケーションの問題は片方だけが原因であることは滅多になく、双方に改善の余地がある場合がほとんどなのです。

ふだんのBさんとのコミュニケーションや会話を通じて、「単語に飛びついて話を広げていく傾向にある」ことから、「抽象化能力があまり高くない」とわかっていれば、Aさんはそれに合わせて、自分がどうしてもらいたいかをもっとストレートにBさんに伝える必要がありました。

会話を噛み合うものにする、つまりコミュニケーションを成立させるためには、いわば相手の〝スタイル〟や〝レベル〟を正しく把握して、それに合わせて伝え方を変えなければならないのです。

人には人の思考のスタイルがある

私の整理では、人には「具体」と「抽象」それぞれに得意・不得意があり、その組み合わせが思考のスタイルを形づくると考えています。

「具体」には長けていても、「抽象」が苦手な人もいます。その逆に、「具体」を軽視し、「抽象」を得意とする人もいます。どちらの面でも高いレベルで考えることができる人もいれば、どちらもまだ発展途上の人もいます。

各人の「具体」と「抽象」のレベルと、その組み合わせによる〝思考スタイル〟の違いを意識していないことが、多くの会話の噛み合わなさの本質だと、私は考えています。
例えば、
◦個別の課題を相談したい部下に対し、抽象的な理念ばかり語る上司
◦より深い理論や背景を知りたい新人に、具体的な手順だけを教える先輩
◦家事分担を具体的に決めたい妻と、気が向いたときに一部だけを手伝い「やっているつもり」になる夫
こうしたズレは相手の思考のスタイルを意識していないことで起こりやすいのです。一方で、そんなにお互いのことをよく知っているわけではないのに、会話がしっくりくることもあります。
とても生産性の高い会話ができ、1時間を予定していた会議が20分足らずで終わってしまう。お互いに納得できる内容を議論でき、「良い会議だった」と思える、そんな相手もいます。
これは、双方の思考のスタイルが一致しているか、どちらかがきちんと相手に合わせることができているためだと言えます。

ちなみに、このスタイルの違いを単なる「頭のいい人・悪い人」というふうに捉えてしまうと、実態を正しく把握できません。**知的と言われる人同士の会話でも、思考のスタイルが違い、それを意識しなければ、話が嚙み合わないことは往々にして起こりえます**。

ある領域の「専門家」であっても――いや、むしろそのような人とこそ「嚙み合わなさ」を感じることが多い気もします（※個人の感想です）。

自分と相手の思考のスタイルを知り、その違いを踏まえて伝え方・話し方を工夫することで、コミュニケーションの齟齬は大幅に減らせます。周りの「困った人」に対しても、その思考のスタイルを理解すれば、適切なアプローチが取りやすくなるのです。

本書では、「具体」と「抽象」の両面から〝思考スタイルの違い〟を可視化し、コミュニケーションを改善する方法を提案していきます。それによって得られるメリットは様々です。

- 会話のすれ違いが激減し、誤解が生まれにくくなる

。会議や仕事の議論がスムーズに進み、時間の節約や生産性向上につながる
。相手へのイライラやモヤモヤが減り、人間関係によるストレスが軽くなる
。自分の得意スタイル・苦手スタイルが明確になり、日常生活でも行動改善がしやすくなる

こうした〝噛み合うコミュニケーション〟が生まれれば、仕事でもプライベートでも結果を出しやすくなり、周囲との関係も良好になるでしょう。

何より、自分自身がラクになります。

本質を捉えて対話できるようになれば、自分の考えを堂々と伝えられて、相手の思いも適切に受け取れる――そんな理想的なやり取りを手に入れる手がかりを、本書でぜひつかんでください。

なぜ、あの人との会話は噛み合わないのか　目次

第1章

具体的知識×抽象化能力＝思考スタイル

第2章

あなたの隣の〝困った人〟

思考スタイルとトリセツ

第3章

「具体的知識」「抽象化能力」を鍛える

序章

噛み合わない会話の〝正体〟

「あの人とは、いつも会話が嚙み合わない」

そう思った経験、ありませんか？

冒頭に挙げたAさんとBさんの会話のような「単語飛びつき」による意図しない展開以外にも「嚙み合わない会話」は数多くあります。

たとえば、

- 質問にきちんと答えてくれない
- 具体的な策を決める会議で問題提起ばかりする
- 主題を把握せずに感情的に言いたいことを口にする
- 概要だけでいいのにやけに詳細まで話してくる
- 詳細が知りたいのに概要しか話してくれない
- 主旨から外れたどうでもいいような質問をする
- 話がどんどんズレていく
- こちらの気持ちを汲んでくれない
- 「わかった！」を連呼しているのに、まったく本質は理解してくれていない

こういったケース、皆さんも経験があるのではないでしょうか？

なぜ、こんなズレが生じてしまうのか?

その背景には「人によって得意な話の範囲や、つかみやすい話題のレベルが違うのにそれを意識していない」という要因が潜んでいます。

本書では、それらを**「具体」と「抽象」に基づく思考スタイルの違い**という整理をしています。

3つの例をピックアップしてみましょう。

ケース1 質問にきちんと答えてくれない

噛み合わない会話の代表例のひとつが、「質問にきちんと答えてくれない」状況です。

質問者「このプロジェクトの今フェーズの終了日は来週金曜日で合っていますか?」
Cさん「プロジェクトの進捗状況ですが、先週のミーティングで議論したように、いくつかの課題が浮上しています。特に、データ分析の部分で予想以上に時間がかかっていて、チームメンバーの何人かは残業をしています。それから、クライアントからの追加要望もあって、スコープ（実現する範囲）が少し広がっていますね。ただ、全体的には順調に進んでいると思います」

質問者が投げかけたのは「はい」か「いいえ」、もしくは「わかりません」で答えられる質問です。

「来週金曜日」で合っていれば「はい」ですし、「いいえ」であれば、正しい今フェーズの終了日を併せて答えてあげるほうが親切でしょう。「わかりません」なら、今フェーズの終了日を知っていそうな人を伝えるのもいいかもしれません。

しかし、Cさんは、今フェーズの終了日については答えず、そのプロジェクトの進捗状況や課題を話し始めています。会話の内容から、今フェーズの終了日は知っていそうではありますが……。

このように、質問にきちんと答えられない人は意外なくらい多く見られます。「はい」「いいえ」で答えられるはずの質問をしても、「はい」「いいえ」で答えず、その質問の周辺の情報について延々と話すのです。

延々と話しているうちに、元の質問が何だったかも忘れてしまっていることもたびたびです。その長い話の中に答えはあるのかもしれませんが、質問した人にそれを探させるというのは酷な話です。

本質的な問題は、質問者の意図、本当に知りたいことを認識しないまま、自分の持っている知識をひたすら披露してしまうことです。

Cさんのような人は、話題そのものへの興味や知識は豊富で「細部には強い」一方、相手の質問の〝意図〟や〝背景〟といった全体像をいったん俯瞰することが苦手なのだと言えます。

つまり、**「具体的な情報はたくさん語るが、抽象的に〝この質問は何を求めているのか〟を捉える意識が薄い」**ために、要所を外してしまうわけです。

ケース2 具体的な策を決める会議で問題提起ばかりする

噛み合わない会話のもうひとつの典型例が、「具体的な解決策を決める場で問題提起ばかりされる」状況です。

会議参加者「このシステム開発のこれ以上の納期遅延を防ぐため、具体的な対策を決めたいと思います。案をお願いします」

Dさん「そうですね……そもそもこのシステム開発を内製で進める意味ってあるんでしょうか？　市場には優秀な外注先もありますし、そもそも既存システムを修正しながら使うなんて非効率だと思うんです。もし本気で遅延を防ぎたいなら、抜本的に構造を見直して一から再設計すべきじゃないですか？

今のアプローチを続けている限り、結局また納期は遅れるんじゃないかと感じています。それに、他の言語やプラットフォームを検討するのが先だと思います。

こういう根本的な問題を解決しないと、いくら対策を決めても結局は同じことの繰り返しだと思うんですよね」

この会議の目的は「これ以上の納期遅延を防ぐために、すぐに実行できる具体策を決める」です。

対してDさんは、それに沿うことなく、「そもそもこの内製開発をやる意義は？」「今のアプローチ自体がナンセンス」「一から再設計するべき」といった、根本的な問題提起ばかりしています。

確かにこれらはプロジェクト全体を考えるうえで無視できない論点かもしれませんが、「短期的にこれ以上の納期遅延を防ぐための案」としては、あまりに大がかりで実現性が不透明な主張ばかり。

たとえば「追加で経験豊富なエンジニアを2名アサインする」「テスト期間を2週間延ばす」「要件の優先度を再調整してスコープを減らす」といったすぐ実行可能な対策は一切出していません。

このような人は、問題の構造を分析したり、その本質を深く理解したりすることには優れた能力を持っています。しかし、具体的なアクションプランを考え、決定することは得意ではありません。

あるいは、完璧な解決策を求めるあまり、部分的であっても実行可能な対策を提案することに躊躇している可能性もあります。

実務で求められるのは、問題の構造や本質を見抜く力と、具体的な行動計画を考え、決める力の両方。

分析だけではモノは進みませんし、かと言って十分に考えずに対策すると的外れになるリスクがあります。

ケース1の例が質問に対して具体的な周辺情報を延々と話すパターンだったのに対し、このケース2は**「具体」的なアクションを求められているのに「抽象」的な議論に終始してしまう**パターンと言えます。

どちらも噛み合わない会話ではありますが、その方向性は正反対なのです。

ケース3 主題を把握せずに感情的に言いたいことを口にする

質問者「新システムの導入で、具体的に業務フローがどう変わるかご意見をお聞かせください」

Eさん「新システム導入には絶対に反対です。今のやり方で何の問題もありません。新しいシステムなんて必要ありません。むしろ、現場が混乱するだけです。前の会社でも、新システムの導入で大変な目に遭いました。結局、元のやり方に戻したんですよ。それに、チーム全員がシステムを変えることに不安を感じています。こんな状況で新システムを入れるなんて考えられません。もっと現場の声を聞くべきです」

「主題を把握せずに感情的に言いたいことを口にする」というのも、嚙み合わない会話の代表例のひとつと言えるでしょう。

質問者は新システム導入の判断材料として、業務フローの変化について具体的な意見を求めています。しかしEさんは、「新システムの導入」という言葉に反応し、質問の本質を理解しないまま、感情的な反対意見を述べ始めています。業務フローの変化という質問の主題からは完全に外れ、自身の経験や感情に基づいた反対意見のみを主張しています。

このように、質問の主題や目的を正確に理解せずに感情的な意見を述べる人は、ビジネスの現場でよく見かけます。相手が何を判断したいのか、なぜその情報を必要としているのかを理解せず、自分の中にある感情や経験を一方的に話してしまうのです。その結果、質問者が必要としている客観的な情報が得られず、建設的な議論が進まなくなってしまいます。

問題は、まだ会話全体（＝抽象的な意図や背景）の把握ができていない段階で、目の前に出てきた具体的なキーワードにだけ反応し、感情を高ぶらせてしまうことです。

つまり、Eさんのような人は、**自分の経験や思い（＝具体的な体験や感情）を強く持**

っている一方で、相手が本当に伝えたいこと（＝抽象的な目的・真意）を冷静につかむのが苦手だと言えます。

ケース1～3のような状況への具体的な対処法については、後の章で詳しく説明することになります。ここでは、「噛み合わない会話」の典型的なパターンとして押さえておきましょう。

「意図した会話泥棒」と「意図しない会話泥棒」

ちなみに、「噛み合わない会話」というテーマから、「会話泥棒」を思い浮かべる方も多いのではないでしょうか。

冒頭の、自分が気に入っているおにぎり屋さんの話を始めてしまったBさんはまさしく、あるいは質問に答えず延々と話し続けてしまうCさんも、目に見える現象としては会話泥棒と言えるかもしれません。

しかし、**一般に言われる会話泥棒とは原因が異なる**と私は考えています。

通常、意図的な会話泥棒は自己中心的な意思を持って行われます。言い換えれば、意思を持って、噛み合わない会話をしているわけです。

会話泥棒をする人は、たとえば、「会話とは自分について語ること」と誤解していたり、「話題の中心に自分がいるべき」と思い込んでいたりします。

また、相手にマウントを取られたと感じて、それに対抗して「自分はもっと凄い経験をしている」とアピールすることもあります。

こういった現象は、承認欲求の表れとも言えます。

本書では、そのような事例を分析対象とはしていません。

Bさんには、会話泥棒をする意思はありませんでした。Bさんはおにぎり好きだと仮定して描写しましたが、実際はそこまでおにぎりに興味がないかもしれません。ただ、Aさんがおにぎりを引き合いに出したから、良かれと思って、おにぎり屋の話を始めたのです。

Cさんのような「質問に答えられない人」にしても、基本的にサービス精神が旺盛で、悪気は決してありません。むしろ、自分が詳しいキーワードについて掘り下げて話すことで、相手を喜ばせてあげようという気持ちが強い人が多いです。

コミュニケーションには双方の歩み寄りが不可欠

このように、本書で扱う「噛み合わない会話」というのは、相手の意図を汲めなかったり、会話の目的を把握していなかったり、会話の対象が異なっていたりして発生するものを指します。

一方で、双方とも会話の目的や対象は把握できているが、「意見が食い違う」ケースもあります。

これも、噛み合わない会話ではありません。

何を議論したいかという観点では、これらは「噛み合っている会話」なのです。ただ、立場や価値観の違いなどから異なる意見が存在しているだけです。**意見の食い違いはあって当然のこと**だと考えるべきです。

また、故意に会話を妨害したり、承認欲求のための論破を目的としていたり、相手に嫌がらせをしたりするような、攻撃的で悪意のあるケースも本書の対象外です。

どうしても対処しきれないような悪質なケースは、専門家のサポートが必要な場合もあります。

あくまで本書は、意図せずあるいは悪意なく噛み合わない会話を扱います。

だからこそ、その対応においては〝本質〟を捉えることが重要なのです。

お互いに良かれと思って話していても、結果的にギクシャクしてしまうのは不本意なことだと思います。

もし乱暴に話をさえぎったり、呆れたような態度を示したりしてしまえば、根本に好意や親切心があったぶん、そのショックは大きいものになるでしょう。

どこでコミュニケーションの齟齬が起きているのかを見極めて、ときには脱線した話題への興味も示しながら、丁寧に対応する必要があるのです。

「はじめに」でもお伝えしたように、コミュニケーションには双方の歩み寄りが必要です。まずは読者の皆さんから、噛み合わなさを丁寧に解消することを心がけてほしいと思います。

まとめると、本書で言う「噛み合わない会話」が生まれるのは、単に性格や相性だけの問題ではありません。

- ある分野に詳しいかどうか
- 大づかみの話が得意（抽象が得意）なタイプか、細部重視（具体が得意）なタイプか
- 相手の状況や背景に目を向け、合わせられるかどうか

こうした〝知識の深さや考え方のクセ〟が噛み合わないとき、会話はどんどんズレていってしまうのです。

次の第1章では、コミュニケーションの齟齬を読み解くための「具体」と「抽象」の考え方について、詳細に解説していきます。

第1章

具体的知識×抽象化能力＝思考スタイル

「具体的知識」と「抽象化能力」

「はじめに」及び「序章」では、噛み合わない会話の原因を「具体」と「抽象」という言葉を用いて解説し、紐解いてきました。

ここからは、より正確に表現していきます。

私は、**「具体的知識」と「抽象化能力」という概念で、多くのコミュニケーション、人間関係の齟齬を説明できる**と考えています。これらは本書でメインのキーワードとなります。言葉としては一般的なものですが、本書特有の定義をしていますのでご注意ください。

話題に対する「具体的知識」

「具体的知識」とは文字通り、**会話や仕事の対象についての具体的な知識・情報**です。

どれだけ詳しいか、経験や情報をどれだけ持っているかと言い換えることができると思います。その情報・知識にも様々なものがあります。

具体的知識は、**対象をどれだけ細かく、そしてどれだけ広く見渡せるか**の掛け算で決まります。まるで、カメラのレンズの解像度と広角度の関係のようです。

話題によって、具体的知識の質と量は大きく変わります。

たとえば、私はプロジェクトマネジメントや日本酒の具体的知識のレベルは高いと言えますが、アイドルや車、腕時計についての具体的知識のレベルは間違いなく低いです。

相手の具体的知識の質・量を考慮せずに、自分の感覚で話してしまうことによって、相手に「置いてけぼりを食った……」と感じさせてしまったり、相手がその話題に対してせっかく興味を持ち始めたのに、その芽を摘んでしまう結果につながったりすることになります。

特に、自分が相手よりも具体的知識が豊富なときに、相手が理解できないかもしれない専門用語や略語などを多用してしまったりしたら大惨事です（外資系コンサル出身者がやりがちなアルファベット3文字略語の多用など……自戒を込めて)。

噛み合わない会話を生んでしまうだけではなく、そんなつもりはなくても、自分本位で相手のことを軽視する人間だと思われかねないのです。

一方、相手の具体的知識に合わせて話をすることによって、その話題に対してより興味を持ってもらい、話を大いに盛り上げることも可能です。

法則を見出す「抽象化能力」

対して「抽象化能力」とは、**具体的な事象や経験から共通点や本質的な特徴を見出し、より一般的な概念や原理として理解し、表現する能力**です。個別の話をある視点でまとめたり、応用したりする力と言い換えられます。

たとえば、「雨の日は濡れる」「濡れていると地面が滑りやすい」という経験から、「雨が降ると地面が滑りやすい」ことを学べます。

このように、**「目の前の出来事から広く応用できる法則を見つける」**力が抽象化能力です。この能力があると、個別の事例を超えて、より広い文脈でものごとを捉え、応用することができるようになります。

また、本書では、少し広義に意味を捉え、抽象化能力の中に**「目に見えない関係を理解する」**というものも含めています。具体的知識は体験したこと、目に見えること、触ったものなどを整理し記憶した結果のものです。それに対して、個々の事象同士の関係性を理解する能力も抽象化能力の中に含めているのです。**「会話の目的や主旨を把握する」**ことも含まれます。

抽象化能力の高い人は、ものごとを適切な軸で、適切な抽象度で、まとめることができます。

一方で、抽象化能力に欠けていると、そもそも複数の事象をまとめようとしなかったり、極端な軸や、極端な抽象度でまとめようとしたりしてしまいます。すべてを善と悪に分類しようとしたり、極端に高い抽象度にしてしまったりするのです。

〝同じ失敗〟にピンとこない子ども

親子の会話の中には、抽象化能力の差に起因する嚙み合わなさが垣間見られます。

毎日のように寝坊し、親に叱られる子ども。「あなたは何度言っても朝寝坊するわね。毎日同じ失敗ばっかりして恥ずかしくないの？　いい加減にしなさい！」という具合です。

親からすると、毎日繰り返される「寝坊」はまったく同じ事象として捉えられます。しかし、幼い子どもにとっては、昨日の朝寝坊と今朝の朝寝坊は別の事象です。「昨日の寝坊は、夜遅くまでテレビを見てしまったからだけど、今日の寝坊は夜遅くまでゲームをしていたせいで、同じ失敗ではないのに……」と思っています。

親の言う「同じ失敗」にはピンときていないのです。その結果、「納得のいかなさ」が頭を支配してしまい、親が伝えたいメッセージである「朝寝坊はすべきではない」は頭に残りません。


幼い子どもは抽象化能力が未発達です。そもそも抽象化できるだけの具体的知識、つまり、経験や情報が集まっていないのだから、仕方ありません。

ただ、似たようなことは大人にも起こりえます。親を上司、子どもを部下に置き換えてみてください。上司から見れば「またか！」なのに、部下は「今回は事情が違う」と感じているようなこと、ありませんか？

様々な経験をした結果、具体的知識が集まり、何らかの共通項を見出し、それを軸

にまとめていくというのが抽象化のプロセスです。

つまり、**具体的知識と抽象化能力は相互補完関係**にあります。いわば〝両輪〟のようなもの。一方が欠けると、うまく前に進めなくなるのです。

皆さんは複数の類似事例をまとめ、共通のパターンを見出すのは得意でしょうか？それとも苦手でしょうか？

「具体」「抽象」の二項対立を超える

ここまでお読みいただいて、一般に言われる「具体」「抽象」とは異なる捉え方でお伝えしていることがおわかりいただけたと思います。

一般的に、「具体」と「抽象」は対極に位置する思考様式として捉えられます。具体的思考は個別の事象に注目し、抽象的思考はそこから普遍的な法則を見出す――という具合に、相反するものとして理解されがちです。

しかし本書では、**具体的知識と抽象化能力を対立的な関係ではなく、相互補完的な関係として扱います。**どちらも0から4までのレベルを持ち、その組み合わせが個人の思考スタイルを形成する、としています。

「具体」と「抽象」の捉え方

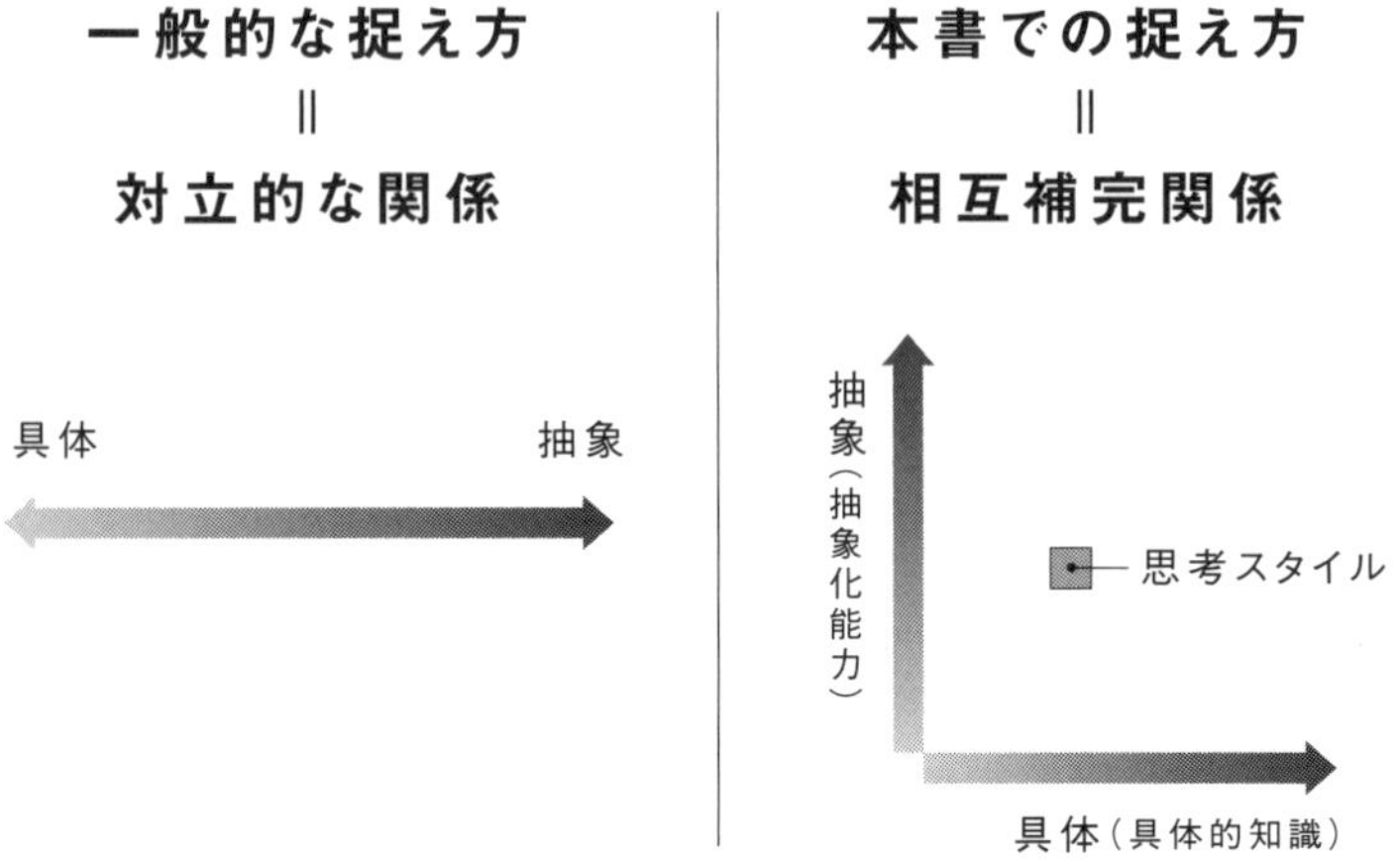

たとえば、高い抽象化能力を持つためには豊富な具体的知識が必要です。逆に、具体的知識を効率的に獲得し活用するには、一定の抽象化能力が求められます。両者は車の両輪のように機能し、一方が欠けると十分な思考力は発揮できません。

この視点に立つことで、「具体か抽象か」という二項対立的な議論を超え、両者をバランスよく向上させることの重要性が見えてきます。

コミュニケーションにおいては、相手の具体的知識と抽象化能力のレベルを理解し、それに対応することで、より効果的な対話が可能になるのです。

なお、抽象化能力に対して、具体化能力

という表現になっていない理由は、具体化というと「何かを具体的な形にすること」と誤解されてしまう可能性があるからです。

「知っている」と「理解している」の決定的な違い

もう一歩踏み込んでみます。

私たちは「知っている」という言葉をよく使います。

「その理論は知っています」「その方法は知っています」「その事例は知っています」など。また、その度合いを表現するために「なんとなく知っています」「まあまあ知っています」「よく知っています」とも言うでしょう。

「知っている」ものの中には、対象について事実としての知識だけではなく、「なぜそうなるのか」という理由や背景についての知識、類似事例との違いについての知識、適用できる条件や制限についての知識など、様々なレベルの知識が含まれます。

「よく知っている」人は、ある対象について、**「それが何か」**の知識を持っているだけではなく、**「なぜそうなのか」**の理由に対しての知識もあり、**「似ているものとの違**

い」の知識もあり、**「どういうときに使えて、どういうときに使えないか」**の知識を持っています。

しかし、これらの知識を持っているだけでは、「理解している」状態とは言えません。

「よく理解している」人は、それらの知識を基に、**背景にある法則や理論を見出し、新しい状況での適用可否を判断し、実践の場で活用できる**のです。

料理のレシピを例に考えてみましょう。

レシピについて「よく知っている」人は、材料と手順の知識があり、なぜその手順が必要なのかという知識もあり、似たような料理との違いの知識もあり、どういう調理器具が必要なのかという知識もあります。具体的知識が豊富な状態です。

しかし、そこまで豊富な知識があっても、抽象化能力が欠如していると、状況が変わったときに対応が難しくなります。

一方、レシピを「よく理解している」人は、材料や調理器具が変わっても対応でき、新しいレシピでも基本原理から調理法を組み立てられ、その場の状況に応じて臨機応

「知っている」と「理解している」の違い

	知っている	理解している
情報の深さ	表面的、 単なる事実の記憶	**深い、背景や理由を 把握している**
関係性の認識	単独で存在する 断片的知識	**他の情報との関係性や 文脈を理解**
応用力	新しい状況では 使えない場合が多い	**新たな文脈や問題に 応用可能**
批判的思考	情報をそのまま 受け入れる傾向が強い	**情報の妥当性や 適用条件を評価できる**
例外処理	想定外の状況には 対応しにくい	**想定外の状況に 柔軟に対応可能**

変に対応できます。

つまり「理解している」状態になるためには、十分な具体的知識とともに、その知識を活用するための抽象化能力が必要となるのです。抽象化能力がなければ、いくら知識があっても新しい状況への対応は困難です。

皆さんが「理解している」と思っていること、本当に「理解」しているのか、今一度、考えてみてください。

成長段階に応じた〝レベル〟

具体的知識と抽象化能力にはそれぞれ、成長段階としてのレベルがあります。

具体的知識のレベルは、ある対象をどれだけ**正確に詳細に（解像度）、どこまでの範囲で（視野）**把握しているかで決まります。

。レベル０　低次元（霧の中）：解像度も低く、視野に対しての認識もないため、事実を誤認していたり断片的な把握しかしていない

。レベル１　不十分な観察（ぼやっと全体像、もしくは、望遠鏡）：全体像はつかめているが解像度が低い、もしくは解像度は高いが部分的で、全体像がつかめていない

。レベル２　詳細観察（全体像ハッキリ）：視野も意識し、解像度も高く、対象自体は詳しく把握している

。レベル３　背景・文脈把握（全体像＋背景・関係するものハッキリ）：対象に直接影響を与える要因まで把握している

。レベル４　システム的把握（すべてを含む環境ハッキリ）：対象を含むシステム全体を把握している

抽象化能力は、**パターン認識力**、**適用判断力**、**抽象化調整力**の3つに支えられています。それぞれの総合力でレベルが決まります。

- レベル0　低次元（行き当たりばったり）：パターン認識ができない
- レベル1　荒削り（白黒つけすぎ・わかりやすいパターンのみ認識）：基本的なパターンは認識できる
- レベル2　基本（抽象化はできるがたまにミス）：パターンから概念を形成できるが、適用条件の判断が不十分
- レベル3　関係性理解（応用上手・学び上手）：適切な一般化・法則化ができ、適用条件も理解している
- レベル4　システムモデル化（つながりを見抜き、未来の動きまで読める）：システム全体をモデル化し、創造的に応用できる

どちらも、レベル0〜1はまだまだ鍛錬が必要で、レベル2になってくると一定程度の基本的な能力を持っていると言えます。レベル3は一般的にはかなり高い水準です。レベル4の能力を持つ人は非常に稀でしょう。

なお、レベル4で用いている「システム」という表現は、「システム思考」で扱われる概念を指します。無理やり日本語に訳すと「系（太陽系の系）」になるかと思いますが、ニュアンスが難しいので、本書ではこの後も「システムレベル」「システム全体」などとして「システム」をそのまま使います。

システムとは、「いろいろな要素が集まって、お互いに影響し合いながら、全体としてひとつの目的や機能を持っているまとまり」のことです。

たとえば、私たちの体もシステムです。心臓、肺、血液、筋肉など様々な部分（要素）があり、それらが互いに協力し合って体を動かしています。一つひとつの部分だけでは生命を維持できませんが、それらが集まり、協力することで、生きるという目的を果たしています。

会社や家族、スマートフォン、街の交通網なども同じです。どれも複数の要素が互いにつながり、影響を与え合いながら、ひとつの目的や役割を果たすために機能しています。

つまりシステムとは、「バラバラの部品ではなく、つながりを持ってひとつの目的や機能を果たしているまとまり」のことを指すのです。世の中のものすべてをシステムとして捉え、考えるのがシステム思考の要諦です。

私はこの「システム思考」はあらゆるところで活用されるべきものだと思っており、とても重要視しています。ちなみに長年お世話になっているSDM研究科のSはまさにここで挙げた「システム」を表しています。

「うちのミースケ」か「茶トラのネコ」か

私は学生時代、ネコを飼っていました。ミースケという名の茶トラのネコでした。毎日、私の部屋のベッドにもぐりこんで寝ていました。生まれたばかりのときに弟がもらってきたのですが、その後、すくすく育ち、9キロにもなってしまいました。

私はペットフードの袋に書かれている「ネコは賢い動物です。自分が食べられる分だけを食べるのでいつもエサ箱はいっぱいにしておいてください」というメッセージを真に受け、忠実に守っていたのですが、ミースケのエサ箱は常にからっぽ。どうやらミースケはあるだけ食べてしまうタイプだったようです。飼い主に似てしまったのでしょうか（苦笑）。

9キロというのは、道で小型犬と出くわすと、小型犬のほうが後ずさりするほどの大きさです。他人から見ると尻尾の曲がった肥満体の巨大な茶トラネコですが、私にとっては世界で唯一無二の愛猫でした。

ところが、他の人から見れば「肥満気味の茶トラ」と一括りにされるかもしれません。さらには「ネコ科の動物」としてまとめられることもありえます。もし私が「世界に一匹のミースケ」をもっと知ってほしいと思っているのに、「茶トラはみんなそんな感じ」「ネコなんてどれも同じ」とまとめられたら、やや寂しい気持ちになるでしょう。

一方で、相手が「ネコ科全体」の話をしている場面では、こちらがミースケの細かいエピソードばかり延々と語ると、相手は「話が進まないな……」と感じるかもしれません。

ここで大切なのは、**どのくらい具体的な視点で話すか、あるいはどこまでまとめて抽象的に語るかを、場面や状況に合わせて調整する**ことです。

たとえば、〝愛猫の魅力を共有したい場面〟では、個別のエピソードを詳しく語ったほうが気持ちが伝わります。一方で〝ネコ科全体を論じたい場面〟なら、「茶トラの一例」としてまとめたほうが、議論や情報共有がスムーズでしょう。

人によっては、個別のエピソードをくまなく話すことが得意な〝具体重視〟の傾向があるかもしれませんし、大きな枠組みから捉える〝抽象重視〟のほうが得意な人もいます。

しかし、実際のコミュニケーションでは、状況に応じて具体度・抽象度を切り替える能力が欠かせません。

そして、それを行うためには、そもそも「茶トラ」や「ネコ科」について一定の知識が必要になります。まったく知らないままでは、「何をどうまとめればいいか」も見当がつきません。

ここでカギを握るのが、自分がどの程度まで〝具体的な情報〟を把握しているか、つまり「具体的知識のレベル」です。これが低いと、同じ〝茶トラ〟という言葉を使っていても、深く話を共有できないかもしれません。

次節では、この「具体的知識のレベル」がどのようにコミュニケーションの質を左右し、噛み合わない会話の原因にもなりえるのかを詳しく見ていきましょう。

「具体的知識」のレベル

具体的知識＝解像度×視野

会話において、話の対象についての知識が多いか少ないかは、当然、重要な要素となります。**話し手と聞き手の知識がアンバランスだと、噛み合わない会話になりえます。**

専門家と素人の間で見られる噛み合わない会話はその典型です。その多くは、具体的知識のレベルに差があるにもかかわらず、それを意識せずに専門家が素人に対して難解な説明や専門用語を連発してしまうことによります。

また、ある対象についてとても詳しくても、他の対象について詳しいとは限りません。つまり、同じ人の組み合わせであっても話題によっては噛み合わない会話になり得るということです。

具体的知識のレベル

具体的知識を支える要素	レベル0 低次元	レベル1 不十分な観察	レベル2 詳細観察	レベル3 背景・文脈把握	レベル4 システム的把握
解像度	解像度はとても低い	解像度は低いが、視野は対象の全体を捉えている もしくは	解像度は高い	解像度はより高い	解像度は極めて高い
視野	とても狭い	解像度は高いが、視野は対象の一部のみを捉えている	対象の全体を捉えている	対象だけではなく、対象に影響を与えている要素も捉えている	対象を含むシステム全体、それに含まれる構成要素すべてを捉えている

具体的知識は、ひとことで言うと、**対象をどのような解像度で、どこまでの視野で見ているか**で決まります。つまり高い解像度で広い視野で見られていれば、その対象のことをよく把握しているということになります。

上の表は、「具体的知識のレベル」をそれぞれ0～4の5段階で示したものです。

左から右に向かうほどレベルが高くなり、行ごとに示されている各項目（「解像度」「視野」）は、そのレベルに応じてどのように変化するかを簡潔にまとめています。

表を見る際は、まず左列（レベル0）の状態と右列（レベル4）の状態を比べていただくと、どんな能力や知識が成長していくのかを俯瞰しやすくなります。

それぞれの枠には、典型的な特徴が書かれています。

ご自身の現状に照らし合わせながら「自分はどのあたりに近いだろうか」「いつも噛み合わないあの人はどのくらいだろうか」「もう少し上のレベルを目指すには何が不足しているのか」を意識してご覧ください。

各項目の文言が抽象的に感じられる場合は、読み進める中で具体例や解説を参照するとイメージしやすくなるはずです。

レベル0：低次元（霧の中）

「具体的な知識」と呼べる水準に達していないのが、レベル0です。

見ているものが対象の全体なのか部分なのかを把握できておらず、そもそも「全体」や「部分」といった意識自体が薄いとも言えます。

解像度が低いため、詳細な情報を正確につかめません。結果として事実誤認も多いのですが、その自覚もありません。

いわば、茶トラのネコの一部だけをぼんやり見て、茶色い毛玉だと思い込んでいるような状態です。

私はド近眼で、乱視もひどく、最近は老眼もひどくなっています。メガネを外してネコを見ればきっと茶色い物体にしか見えず、何かはわからないと思います。そして、視野がもっと狭まって、ネコの一部だけを見てそれを全体だと勘違いしてしまったら、きっとネコとは程遠いものだと思うでしょう。

このレベルだと会話をしていても、わからないことだらけです。この具体的知識のレベルで抽象化能力のレベルも低いと、会話の目的や主旨に関わらず、わからないことを手当たり次第尋ねる人になってしまう可能性が高いです。

レベル1：不十分な観察（ぼやっと全体像、もしくは、望遠鏡）

レベル1は、2パターンあります。

ひとつめは、解像度が高くはっきり見えているのですが、見ているものが対象の全体なのか一部なのかの判別が怪しい状態です。

具体的知識レベル0、1のイメージ

レベル0
低次元
（霧の中）

レベル1
不十分な観察
（ぼやっと全体像、もしくは、望遠鏡）

解像度が低く、ネコの一部分を全体だと誤解している

全体を見られているものの解像度は低い

解像度は高いが、一部分しか見られていない

ある程度の抽象化能力を持っていれば、全体を把握することを心がけるので、自分が見ているのが全体なのか、一部なのかは判断できるようになってきます。しかし、抽象化能力が低い場合は見ているものが対象のすべてだと勘違いし、その結果誤った判断をしがちです。同じテーマの話をしているのに、見えている部分が違うことで「噛み合わない」会話になることもたびたびです。

ふたつめは、解像度は低いままですが、対象の全体を捉えられている状態です。こちらは解像度が低いため詳細は見えていません。そのため対象に対して深い知見を持つことはできません。

詳細を把握できていないため、会話をしていてもわからないことが多いです。具体的知識レベル0よりはマシですが、この具体的知識のレベルで抽象化能力が低いと、やはり会話の目的や主旨に関わらず、わからないことを手当たり次第尋ねる人になりかねません。

視力を矯正したうえで望遠鏡を覗くと、きっとひとつめのパターンのようになるでしょう。右の図で言うといちばん右です。細かい毛が密集しているのが見えます。それを全体だと思うときっと何かの毛玉だと確信するでしょう。

一方で、私のような視力の人が裸眼でネコを見ているとふたつめのパターンのようになるでしょう。右の図の真ん中です。こちらはネコっぽい動物ということはわかりますが、種類はわかりませんし、それが自分の飼いネコなのか、よそのネコなのかの判別はできません。

レベル2：詳細観察（全体像ハッキリ）

レベル2は、解像度も高く、きちんと対象全体が見られている状態です。一般に「きちんとその対象について把握している」と評価される状態だと思います。また、本人もその領域における具体的知識には自信を持っています。

しかし、このレベルでは不十分です。

その対象自体について深く把握できているのですが、その対象に影響を与えているものが見えていなかったり、時代背景や前提となる技術、文化などが見えていなかったりします。

そのため、内部要因については予測できるのですが、外部要因による事象は予測できません。

このレベルになれば、目の前にいるのがうちのミースケだということがわかります。ミースケの好物やクセも把握しています。しかし、放し飼いにしている間にどんなネ

具体的知識レベル２のイメージ

レベル２
詳細観察
（全体像ハッキリ）

解像度が高く、対象全体も見られているので飼いネコのミースケだと理解できる。ミースケのことはほぼ理解している状態

ことつるみ、どんなネコと敵対しているかは把握していません。外出しているときに何を口にしているかもわかりません。学生時代の私のミースケについての具体的知識はこのレベルだったと思います。

たとえば、学生時代の私は、ミースケの健康のためにもっと運動させようと、昼間は屋外にも自由に出られるようにしていました。確かに肥満体のネコの健康を考えれば間違った判断ではないように思えます。

しかし、屋外には食べてはいけないものがあるかもしれませんし、野良猫と間違えられて保健所に連れて行かれるかもしれませんし、交通事故の恐れもあります。ミースケの健康のために放し飼いが必ずしも正しい選択肢だったとは言い切れません。

ミースケに直接の影響を与えうる外部要因も考慮していなければ、正しい判断とは言えないのです。

すべての人がそうとは言いませんが、具体的知識レベル2の人の多くは「自分は対象のことがよくわかっている」と自分のことを認識しているので、自説を押し通そうとする傾向があります。その結果、その対象に影響を与えている要素への対応が不十分になってしまうことがあるのです。

レベル3：背景・文脈把握（全体像＋背景・関係するものハッキリ）

レベル3は、レベル2よりさらに視野が広がり、対象に対して影響を与える外部要因にも目を向けられるようになります。抽象化能力が低いとその意識はなかなか持てません。つまり、具体的知識のレベルが3なのに、抽象化能力が著しく低いという人は稀です。

ある程度の抽象化能力があるがゆえに、対象だけではなく、その背景、文脈を見ようとする。その結果、対象の周辺のことにも詳しくなるという相互依存関係がありま す。

ミースケについてのレベル3の把握というのは、ミースケが日常生活で接している他のネコや彼にとって脅威となるであろうイヌなどの動物、口にする食べ物、遊んでいる環境、成長とともに表れてくるであろう体の変化などもわかっている状態でしょう。その時点だけではなく、これまでのミースケの歴史も把握しています。飼いネコ一般の知識もかなり充実しているはずです。

具体的知識がレベル3に到達するということは、一般的には抽象化能力もある程度まで達しているはずなので、ミースケに関する事象が他のネコに当てはまるだろうということもわかっているのが自然です。

対象に対して影響を与えているものにも詳しくなると、その領域の専門家を名乗ることができるようになります。

ただ、ここが究極の具体的知識のレベルではありません。

レベル3では、対象に直接影響を与えることについてまで視野が広がっていますが、間接的に影響を与えうる「環境」や「系（システム）」までは、視野は広がっていません。

レベル4：システム的把握（すべてを含む環境ハッキリ）

レベル4は「環境」や「系（システム）」まで視野が広がっている状態です。

レベル4の具体的知識を得るためには、じつは抽象化能力のレベルもかなり上がった（抽象化能力のレベルは次節で詳しく解説します）状態になっている必要があります。偶然、そこまで視野が広がることはまずありえません。

対象が存在する「環境」や「系（システム）」まで視野が広がっており、そこに存在する構成要素にまで具体的知識がある状態になっているのです。

このレベルまで詳しくなっていると、周囲からその領域については超一流だと認められていても不思議ではありません。

レベル4になってくると、ネコ一般についてもより深い知識を持ち、さらにミースケの行動範囲の状況、自然の状態や交通量、公害の度合い、私が住んでいた住宅街の治安など、ミースケを取り巻く環境についても把握している状態です。ペット業界に

具体的知識レベル3、4のイメージ

レベル3
背景・文脈把握
（全体像＋背景・関係するものハッキリ）

ミースケのことだけではなく、ミースケに直接影響を与えていること、その時点のミースケだけではなく、これまでのことも理解している

レベル4
システム的把握
（すべてを含む環境ハッキリ）

飼いネコ一般のみならず、ミースケの生活圏についてや、ペット業界などについても理解している

ついていても不思議ではありませんし、ペットという文脈でネコ以外のペットについても詳しくなっている可能性もあります。

具体的知識を充実させるには

具体的知識のレベルは、領域によって異なるのが普通です。ある分野では詳しい知識を持っていても、別の分野では初学者というケースは珍しくありません。

しかし、具体的知識を効率的に得るスキルを持っている人は、新

しい領域でも比較的早くレベルを上げることができます。
じつは、このスキル自体が高い抽象化能力の表れでもあります。つまり、抽象化能力が高まることで、新しい領域での具体的知識の獲得も効率的になるという好循環が生まれるのです。
具体的知識を効率的に得られる人の特徴としては以下のことが挙げられます。
。多角的な情報収集ができる
。詳細な観察と記録が習慣化されている
。構造的な分析ができる
。視野の広さを意識できる
このスキルを持っている人は、新しい領域でも素早く具体的知識のレベルを上げられるため、キャッチアップの期間が短く、結果として、多くの領域で似たような具体的知識レベルに到達することが可能です。
このスキルを身につけるための方法は、3章でしっかりとお伝えします。
ここまで見てきたように、ある対象に対する豊富で詳細な情報を持っている――つまり「具体的知識」が充実していることは、正確な理解やスムーズなコミュニケーションに大きく役立ちます。

ただし、いくら具体的な知識を増やしても、それを「実際の場面でどう活かすか」が見えていないと、思わぬところですれ違いが起きてしまうことがあります。知識を単に蓄えるだけでは、問題の本質やパターンを見抜けないからです。

ここで重要になるのが「抽象化能力」です。具体的な情報をただ並べるのではなく、そこから〝法則〟や〝共通点〟を見つけ出し、異なる状況でも使える形にする――そんな思考の切り替えができれば、コミュニケーションをさらに円滑にしてくれます。

次節では、この「抽象化能力」とは一体どういった力なのか、具体的知識との関わりも含めて詳しく見ていきましょう。

「抽象化能力」のレベル

話したいことを話せばいいわけではない

「具体的知識の差があると、噛み合わない会話になってしまう可能性がある」と前節でお伝えしました。これは間違いではありません。ただし、噛み合わない会話において、具体的知識の差が原因であることは、数としては多いわけではありません。

多くの噛み合わない会話は、**会話の主のどちらかに抽象化能力が不足しており、相手の具体的知識の質・量がどの程度かを把握できず、それを意識していないこと**に原因があります。

抽象化能力が不足している人は、会話の相手の知識の質・量がどうであっても、自分の話したいことを話す傾向があります。

コミュニケーションの目的は、言葉を発することではなく、相手に伝わることだという理解ができず、「話したい言葉を発する」という手段にとらわれてしまうのです。

仮にどちらかに具体的知識が不足していても、抽象化能力が十分にあれば、それを察知し、齟齬が起こらないように配慮することができます。

とは言え、具体的知識が十分でないと、せっかく高度な抽象化能力があったとしても、適切な抽象度で会話をすることは困難です。

抽象化は、具体的知識と抽象化能力の両方があって初めて適切に行うことができるのです。

抽象化能力の3要素とその〝土台〟

では、本書で定義する「抽象化能力」とは何でしょうか？

抽象化能力と聞くと、「複雑なものを簡単にまとめる力」「細かい話から全体像を捉える力」「『要するに◯◯ってことだよね』と説明できる力」などを思い浮かべるかもしれません。

あるいは、抽象化をネガティブに思っている人は、「具体的にどういうことかはわからないけど、理屈っぽい人が持っている力」「現場で役に立たない理屈を考える力」「話を難しくする人が持っていそうな力」などと考えるでしょう。

私の定義する「抽象化能力」は、一般に言われているものよりも広い意味を持っていて、分解すると大きく3つの力で成り立っていると考えています。その3つとは、

- パターン認識力
- 適用判断力
- 抽象化調整力

です。

パターン認識力とは、**複数の経験から共通の特徴や法則を見出す能力**です。ひとことで言えば「似ているものを見極める力」です。

適用判断力とは、**識別されたパターンを適用する条件について判断する能力**を指します。いわば「使えるかどうか」を考える力です。

抽象化調整力とは、**状況に応じて臨機応変に抽象度を調整し、抽象から具体、具体

「抽象化能力」を支える3つの力とその礎となる力

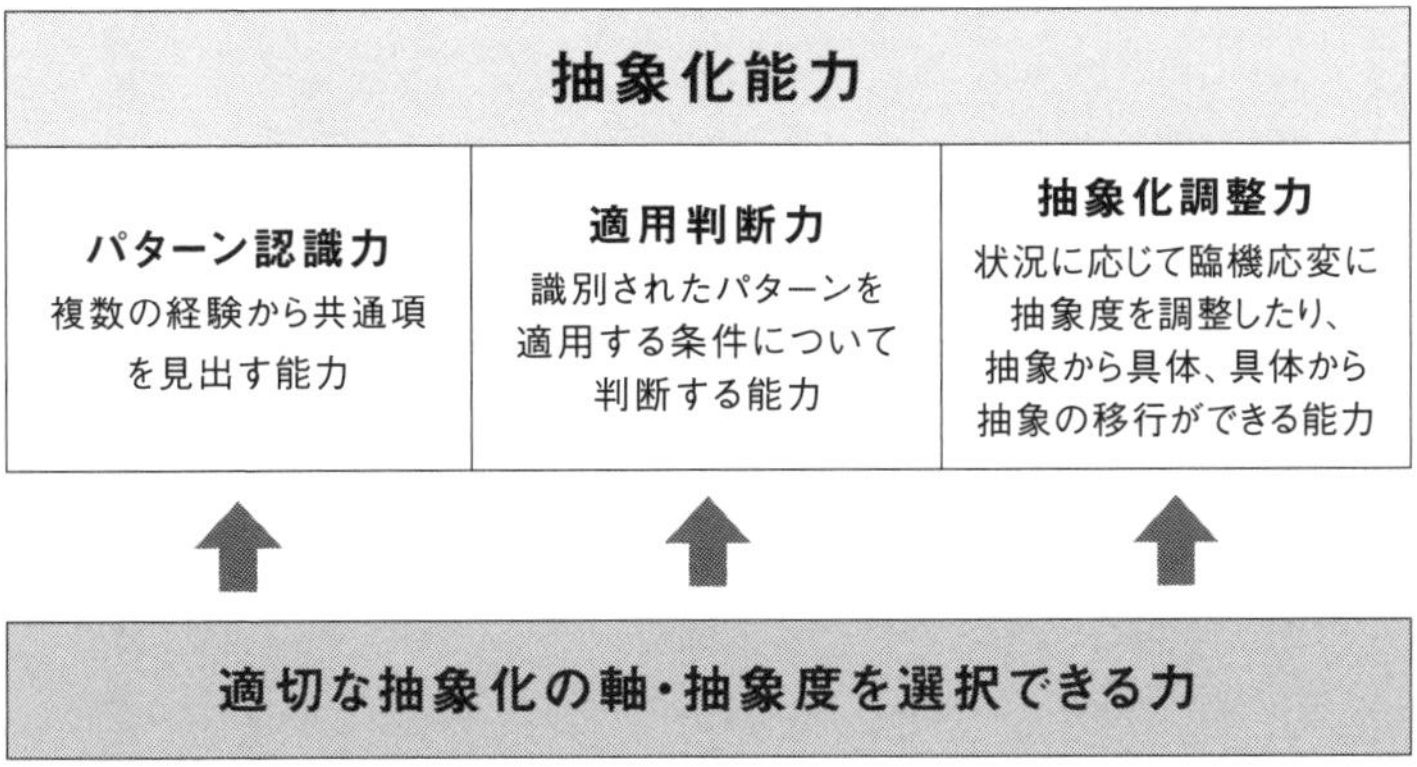
抽象化能力
パターン認識力
複数の経験から共通項を見出す能力
適用判断力
識別されたパターンを適用する条件について判断する能力
抽象化調整力
状況に応じて臨機応変に抽象度を調整したり、抽象から具体、具体から抽象の移行ができる能力
適切な抽象化の軸・抽象度を選択できる力

から抽象の移行ができる能力です。「どう伝えるか」を考える力だと言えるでしょう。

この3つの力がどのくらい身についているかによって、抽象化能力のレベルに差が生じます。

さらに、これらの3つの力には、共通の基盤があります。

それが、**適切な抽象化の軸と抽象度を選択できる力**です。

これらは、パターン認識力にも適用判断力にも抽象化調整力にも活用されます。

抽象化能力の高い人は、相手がどの抽象度の話をしたいのかを正確に察知できます。一方で抽象化能力が未発達な人は、それがわからず、自分の心地よい抽象度で話し続けてしまいます。

本書で言う**抽象化能力が高い人とは、抽象度の高い話ができる人ではなく、適切な抽象化の軸、適切な抽象度を見定められる人**を指すのです。

適切な抽象化の軸は、会話の文脈を鑑みて決められるべきです。

ミースケを例に取ると、「ネコ」という軸もあれば、「可愛いもの」という軸も、「アレルギー源」という軸もあります。「太っている動物」という軸や「食いしん坊」という軸も考えられます。「可愛いもの」を軸にした場合は、ネコとはまったく異なる種類の動物や、赤ちゃん、場合によってはアイドルも話題の対象となります。

「ペット」という軸であっても、ロボットのような人工物まで含めてのペットなのか、爬虫類や鳥類、魚類まで含めての生き物としてのペットなのか、哺乳類に限定したペットなのか、ネコのみなのか、というように抽象度を適切に判断する必要もあります。

抽象化の第一歩は「目的」の意識から

適切な抽象化の軸、抽象度を選択するためには、**そのとき行っている会話の目的を意識する**ことが最も大切です。

問題解決のためなのか、知見の一般化のためなのか、パターンの発見のためなのか。まずは目的を明確に意識することです。

その目的を満たすために、適切な抽象化の軸、抽象度を考えます。**目的を意識すれば、抽象化の軸は自ずと導き出せる**ことが多いはずです。

抽象化の軸を誤ってしまう場合のほとんどが、活動、行動、会話の目的を明確につかめていないときです。

時折、目的が不明確なまま会議や会話がなされることがありますが、その場合はどんな人であっても、適切な抽象化の軸を見極めることはできません。できたとしてもそれは偶然です。

抽象度の選択については、**直接的な問題解決が必要な場合や具体的な実装が求められる場合、詳細な手順の説明が必要な場合は、抽象度が低い＝具体的なほうが適します。**

一方で、**パターンの発見や、広範な適用範囲が求められたり、概念的な理解が重要だったりする場合は抽象度が高いほうが適しています。**

抽象化能力のレベル

抽象化能力を支える要素	レベル0 低次元	レベル1 荒削り	レベル2 基本	レベル3 関係性理解	レベル4 システムモデル化
パターン認識力	ない。すべてが個別事象	低い。基本的なパターンのみ	中程度。経験から様々なパターンを見出せる	高い。背景、文脈も含めて様々なパターンを見出せる	極めて高い。まったく異なる分野の経験からの知見も他に活かせる
適用判断力	該当なし。そもそもパターン認識されていない	非常に低い。基本的なパターンを常に当てはめようとする	意識はするが不十分。適用条件を誤ることがある	高い。適用条件を誤ることはほとんどない	極めて高い。環境要因まで考慮に入れ、適用条件を誤ることはない
抽象化調整力	抽象化の軸、抽象度を意識できない	意識が低く、自身の興味に影響される	意識はするようになるが、きめ細かい調整には至らない	高い。常に適切な軸、抽象度を意識して調整できる	極めて高い。高次元な適切な軸、抽象度を意識し、臨機応変に対応できる

上の表は、「抽象化能力のレベル」をそれぞれ0〜4の5段階で示したものです。

左から右に向かうほどレベルが高くなり、行ごとに示されている各項目（「パターン認識力」「適用判断力」「抽象化調整力」）は、そのレベルに応じてどのように変化するかを簡潔にまとめています。

表を見る際は、まず左列（レベル0）の状態と右列（レベル4）の状態を比べていただくと、どんな能力や知識が成長していくのかを俯瞰しやすくなります。

具体的知識のときと同様に、自身の現状に照らし合わせながらご覧ください。

レベル０：低次元（行き当たりばったり）

「抽象化能力」がほぼない状態です。すべての経験を常に唯一無二のものと考え、そこで得られた知見を他に適用できる形にすることができません。

確かにすべての経験は厳密に言えば唯一無二です。まったく同じ行動であっても、それを行うタイミングが異なったり、関わっている人が異なったりすれば、その経験は唯一無二だと言うことができます。とは言え、その経験から得られた知見を他にまったく適用ができないかというと別の話です。

このレベルの人は、抽象化の軸というものをまったく意識しないため、**様々な差異のほうが気になり、パターン認識ができません**。これにより、「似たような失敗を繰り返す」傾向があります。本人にとっては「似たような失敗」だと思っていないからです。

また、会話の目的を意識せずに、耳に入ってきた自分が興味を持つ単語に反応してしまいがちです。

会話の目的、主旨を意識することもありません。わからないことは手当たり次第質問したり、気になる単語に飛びついたりしてしまいます。具体的知識のレベルも低い場合は、知らないことやわからないことが多いため、そういった傾向が強まります。

料理を例にしてみます。

料理においては、パターン認識力とは、料理の基本原則を理解する力です。適用判断力とは、状況に応じた調理法の選択をする力です。抽象化調整力とは、目的と状況に応じた料理の設計と言えると思います。

レベル0の人はきちんとした料理をすることは困難なように思います。

この人にとっては料理の基本原理・原則という発想がありません。目の前の食材を本能に任せて口に入れるというイメージでしょうか。料理ではなく、食事です。

毎回の食事をすべて異なる状況・異なる食材と捉え、そこで得られた経験を他に活かすどころか、そういったことを意識することもありません。

大人で抽象化能力レベル0の人は稀です。一方で、小さな子どもはこのレベルのことが多いように思います。

レベル1：荒削り（白黒つけすぎ・わかりやすいパターンのみ認識）

複数の具体例から代表的な共通点、相違点を見出すことができます。その結果、代表的なパターンについては認識できるようになっています。

また、そのパターンを類似のことに適用できるという認識はあります。ただし、その**適用条件についての意識は低く、識別されたパターンを常に適用しようとする傾向**があります。

また、レベル0よりはマシにはなっていますが、会話の目的、主旨をつかむことが苦手です。その結果、本題とは関係のない質問をしたり、気になる単語に飛びついたりすることがあります。

極端な抽象化をするのもこのレベルの特徴です。すべての人を善人と悪人に二分したり、様々な意見を極端なふたつの意見に分類したりすることがあります。

抽象化の軸という観点でも、抽象度の判断という観点でも、抽象化調整力はかなり低いと言えます。どうあるべきかという考えよりも、自分の興味・関心に引きずられてしまうのが特徴です。

料理を例に取ると、このレベルの人は料理の基本原理・原則の理解はしていませんが、「レシピ本に従えばいい」というパターンは理解していて、常にレシピ通りの作り方をしようとします。

ただ、「弱火」と「中火」の違いがわからなかったり、「塩少々」の解釈を誤ったりということがたびたび起こり、結果としてレシピ通りの出来上がりになることは滅多にありません。一度うまくできた料理の方法を頑なに繰り返す傾向もあります。

食材の状況を見て、調理法を調整することはできません。硬い肉だから少し長めに煮込もうとか、ちょっと古い食材だからしっかり火を通そうとか、そういう調整はなく、レシピ本通りの時間で調理しようとします。

料理の目的意識も薄く、「レシピ通りに作る」ということが目的化していることが多いです。本来ならば「レシピ通りに作る」というのは何かの目的を満たすための手段のひとつにすぎません。

最終的に作った料理に対しても「おいしい」か「まずい」という二極化された評価

になりがちです。

レベル2：基本（抽象化はできるがたまにミス）

複数の具体例から、様々なパターンを見出すことができます。それらの**パターンに基づいて自分なりの基本的な概念を形成できる**ようになっています。

また、抽象化調整力も進化しており、多くの場合、適切な抽象化の軸、適切な抽象度を意識できるようになっていますが、その**調整の精度が大雑把で単純なものになりやすい**傾向があります。本来ならば5段階くらいの調整が欲しいところ、2段階しか調整ができないといった感じです。レベル1は「オン」と「オフ」しかなく、レベル2になると「オフ」と「弱」と「強」があるイメージです。

抽象化能力としては、中レベルと言えるでしょう。本人も抽象化能力に自信を持ち始めていることが多く、周りからも抽象的な話が得意な人だと思われています。抽象的な話をしている自分が好きな人が多いようです。

会話の目的、主旨を見誤ることはほぼなくなっています。

ただし、自身が見出した**概念やパターンの適用条件を誤る**ことがあります。周りからも認められており、自信も持っているために、過去の成功事例を強引に適用し、大失敗してしまうことがある……というのが、この抽象化能力のレベルの典型例です。

自分自身を言語化することは可能ですが、自分と周囲との関係性を俯瞰することはまだ難しいと言えます。

料理を例に取ると、このレベルの人は、料理の基本原理・原則を理解できており、過去の経験も抽象化して自分なりのノウハウにできています。レシピ本で書かれている内容と、自身が理解している料理の基本原理・原則を照らし合わせて考えることもできます。「味」「栄養」「見た目」などの複数の視点も持っています。

料理の目的に応じて、調理方法を調整できることもありますが、常にできるわけではありません。

また、用意された食材の状況や調理環境を考慮に入れずに、過去に成功した調理法や食材にこだわりすぎてしまうことがあります。

レベル3：関係性理解（応用上手・学び上手）

形成された概念の適用条件を正しく識別できるレベルです。

レベル2との最も大きな違いが、適用判断力です。過去にうまくいったからといってそれに固執せず、その都度、適切に判断ができます。

また、対象とそれに関わる構成要素の関係性を抽象化できます。レベル2までは、専ら、対象にフォーカスしていましたが、レベル3になると**対象に影響を与える構成要素との関係性も抽象化できます**。

このレベルの抽象化能力があるがゆえに、具体的知識の視野も、対象だけではなく、影響を与える構成要素、文脈、背景まで広げられると言えます（繰り返しお伝えしている通り、具体的知識と抽象化能力は相互補完関係にあります）。

自分と周囲にある構成要素の関係性を俯瞰することもできるようになります。ただし、自分を含む環境・システム全体の中での自分の位置付けを把握できるほどの俯瞰はできていません。

かなり高い抽象化能力ですが、このレベルが究極のレベルではありません。このレベルではまだ〝対象そのもの（とそれらに影響を与えるもの）〟が思考の中心であり、その対象が含まれるシステム全体については意識が及んでいません。

料理を例にとると、このレベルの人は相当な料理上手と言えます。旨味の相乗効果（イノシン酸とグルタミン酸の比率）や食材の特性（繊維の方向、タンパク質の硬化温度など）を考えた調理方法も理解しています。それらの原理・原則を様々な食材に適用することもできるようになっています。

一つひとつの料理を作るという観点では十分です。

適用判断力についても個々の料理を作るという意味では十分です。食材の状況を鑑みて調理法の調整もできますし、家族の好みに合わせた味付けもできます。調理器具や調理時間、予算に応じた対応もできます。

抽象化調整力についても個々の料理を作るという意味では十分です。朝ごはんなので手早く作れるものを考えたり、お弁当なので冷めてもおいしいものを考えたり、子ども向きなので食べやすい大きさにしたりと工夫できます。

レベル3ともなると個々の料理についてはしっかり考えられていますが、まだ究極のレベルではありません。さらに高いレベルが存在するのです。

レベル4：システムモデル化（つながりを見抜き、未来の動きまで読める）

システムレベルのパターン認識力とは、**「個々の事象を単独で見るのではなく、それらがどのように関連し、影響し合い、時間とともに変化していくかを全体として捉える力」**と言うことができます。それができるレベルです。

自分自身を含む環境・システム全体を俯瞰することができるようになっていて、自分の思考とその行動の「先の先」まで意識しながら修正・調整が可能です。

極めて高い抽象化調整力を持っていると言えます。

システム内の構成要素間の関係も抽象化できるレベルです。フィードバックループ※など世の中の複雑な仕組みを理解し、モデル化ができるため、**直接の原因と結果だけではなく、間接的な影響も見通せます。**また、**一時的な変化だけではなく、連鎖的な**

変化も予測できるようになります。

レベル4では、レベル3では見出せなかった複雑な問題における根本原因も識別できるようになります。

このレベルの抽象化能力を持つためには、具体的知識もレベル4に到達している必要があります。視野がシステム全体に広がり、その構成要素の一つひとつを理解し、構成要素間のつながりが見えて初めて、システム内の構成要素間の関係を抽象化できるのです。

このレベルに到達すると、まったく異なる領域の経験であっても、そこから得られた知見を適用できるようになります。ひとつの経験、学びが複数の領域に適用できるようになり、**学習効率も飛躍的に高まり**ますし、経験のない領域のことであっても比較的短い時間で習得ができるようになっている可能性が高いです。

このレベルが究極に進化した形だと、**ある経験を抽象化し、新たな理論や概念モデルを創造できるようになる**のではないかと考えます。革新的アイデアを導き出せるようなレベルまで考えられます。

料理の例では、レベル3には個々の料理を作るうえで十分なパターン認識力、適用判断力、抽象化調整力がありました。レベル4になると個々の料理の完成度が高いだけではなく、料理・食事をテーマとしたシステム全体がうまく回ることを考えられるようになります。

食事には、栄養補給、健康の維持・促進、エンターテイメントなど様々な目的があります。また、料理人から見ると、食事をする人たちはもちろん、食材や調理器具を生産し、提供してくれる人たちも関係しています。さらに食料生産時の環境への負荷、フードロスへの対応、食事が残ったときの対処など、環境への配慮もする必要があり

※ちなみにフィードバックループとは、システムの中で起こる「因果関係の循環」を指します。ある要素の変化が他の要素に影響を与え、その影響が再び元の要素に戻ってくるプロセスです。たとえば、「ある住宅街の道路が混雑して困っているから拡張しよう」と対策をしたものの、「道が広くなって走りやすくなった」という情報が広まり、さらに多くの車が通るようになってしまったようなケースがあります。この例は、単純な原因と結果の関係だけでなく、人々の行動変化まで考慮する必要性を示しています。目先の解決策が、予期せぬ形で問題を悪化させることもあるのです。フィードバックループを理解することによって、システム全体の挙動を予測し、長期的に望ましい結果を得るために効果的な「介入ポイント（レバレッジポイント）」を見つけることができます。特に複雑なシステムでは、目に見える直接的な要因だけではなく、背後にあるフィードバックループを理解することが長期にわたって効果的な施策を立案するカギとなります。

ます。健康の促進のために食事をしても、回り回って環境が悪化し、長い目で見て自身だけではなく、多くの人の健康を害するようなことがあっては、目的を満たしているとは言い難いでしょう。

システム的な理解とは、こういったことをすべて考慮に入れて、献立を考え、調理法を考え、おいしい料理を作るようにすることです。

料理だけではなく、他の家事もしているのであれば、家事全体がうまくいくようにも考える必要がありますし、子どもがいるのであれば食育も考慮に入れる必要があるでしょう。

料理で得た知見を他の行為に活かせるようになるのも、レベル4の特徴のひとつです。

組み合わせで決まる〝思考スタイル〟

ほとんどの人が発展途上にある

ここまで見てきたように、噛み合わない会話が起きる背景には、「具体的知識」と「抽象化能力」の不足があります。

両方のレベルが高ければコミュニケーションの誤解は減りやすいのですが、どちらもレベル3以上に達しているという人は、実際にはごく少数と考えられます。多くの人がまだ発展途上の段階で会話をするため、意図せず齟齬が生じやすいわけです。

本人が「頑張って説明しているつもり」「ちゃんと聞いているつもり」でも、相手と抽象度や知識量が噛み合わないまま話が進んでしまう——そんな場面に心当たりがある方も多いのではないでしょうか。

そして、たとえば具体的知識レベル3×抽象化能力レベル1、具体的知識レベル2×抽象化能力レベル3などのように、両方の組み合わせによってその人の〝思考スタイル〟が決まってきます。

この**思考スタイルは人によって、また話題・領域によって異なること、そしてその違いを意識できていないために噛み合わない会話が生まれる**というのが本書の主旨です。

抽象化能力のレベルというのは、比較的安定しています。レベル1の人はどんな場面でもレベル1、レベル3の人はどんな場面でもレベル3の抽象化能力を発揮して、思考や会話をするものです。

一方、具体的知識のレベルは、話題・領域によって、大きく変わります。得意な話題・領域に関する会話の場面であれば高いレベルを発揮できますが、そうでない場合は低いレベルになります。

つまり、私たちは自分の代表的な思考スタイル（最も得意な話題・領域におけるものであり、自分にとって最も自然なもの）を持つと同時に、話題・領域によっては、それとは異なる様々な思考スタイルを取りうるということです。

〝具体ばかり〞に偏っていたり、逆に〝抽象ばかり〞に寄りすぎていたり、あるいはどちらも十分に育っていなかったり――いずれの場合も、相手の状況を捉えにくくなるため、誤解やすれ違いを生み出しやすくなります。

では、具体・抽象のレベルがどう組み合わさると、どんなタイプの「困った人」になりやすいのか？

次の第2章では、実際の職場や日常で起こりがちなコミュニケーション不全をパターン別に分析し、「こんな人いない？」という身近な例を交えつつ、その根本要因を紐解いていきます。自分自身や周りの人がどこに当てはまるかを確認しながら読み進めると、より実感がわきやすいはずです。

第2章

あなたの隣の〝困った人〟

思考スタイルとトリセツ

本章では、具体的知識と抽象化能力、それぞれのレベルの組み合わせ別の思考スタイルを具体的に紹介します。

身近な同僚や上司、家族などを思い浮かべる方もいるでしょうし、自分自身が当てはまっているかもしれません。ぜひ各ケースを読みながら、「あの人はどんな思考スタイルなんだろう？」と考えてみてください。

「ああ、あの人がいつも場違いな話をするのはこういう仕組みか」「意外と理屈はあるけど、周りと噛み合っていないだけなんだな」というふうに腑に落ちる瞬間もあるでしょう。

それによって、相手を必要以上に厄介者扱いしなくても済むようになったり、自分自身が感じているストレスを減らせたりするはずです。

いわゆる〝困った人〟に対して苦手意識を抱いてしまうのは、私たちがその人のことをほとんど知らないからなのではないでしょうか。

「なぜそういう話し方や思考の進め方をするのか」を理解することは、こちらの接し方を工夫し、苦手意識を軽くすることにつながります。相手をより立体的に理解し、より良いコミュニケーションのヒントをつかむきっかけになるはずです。

レベル0を含む思考スタイル

大人で抽象化能力レベル0の人は非常に稀です。

誰しも、まったく初めて学ぶことについては、具体的知識レベル0から始まります。学習能力が高い人はその期間が短いと言えます。

ここに挙げられている思考スタイルの人の多くは、発展途上であり、進化の過渡期です。

なお、具体的知識レベル2に到達することは抽象化能力0では事実上困難なため、具体的知識レベル2×抽象化能力0という組み合わせの人はほとんど存在しないと言えます。

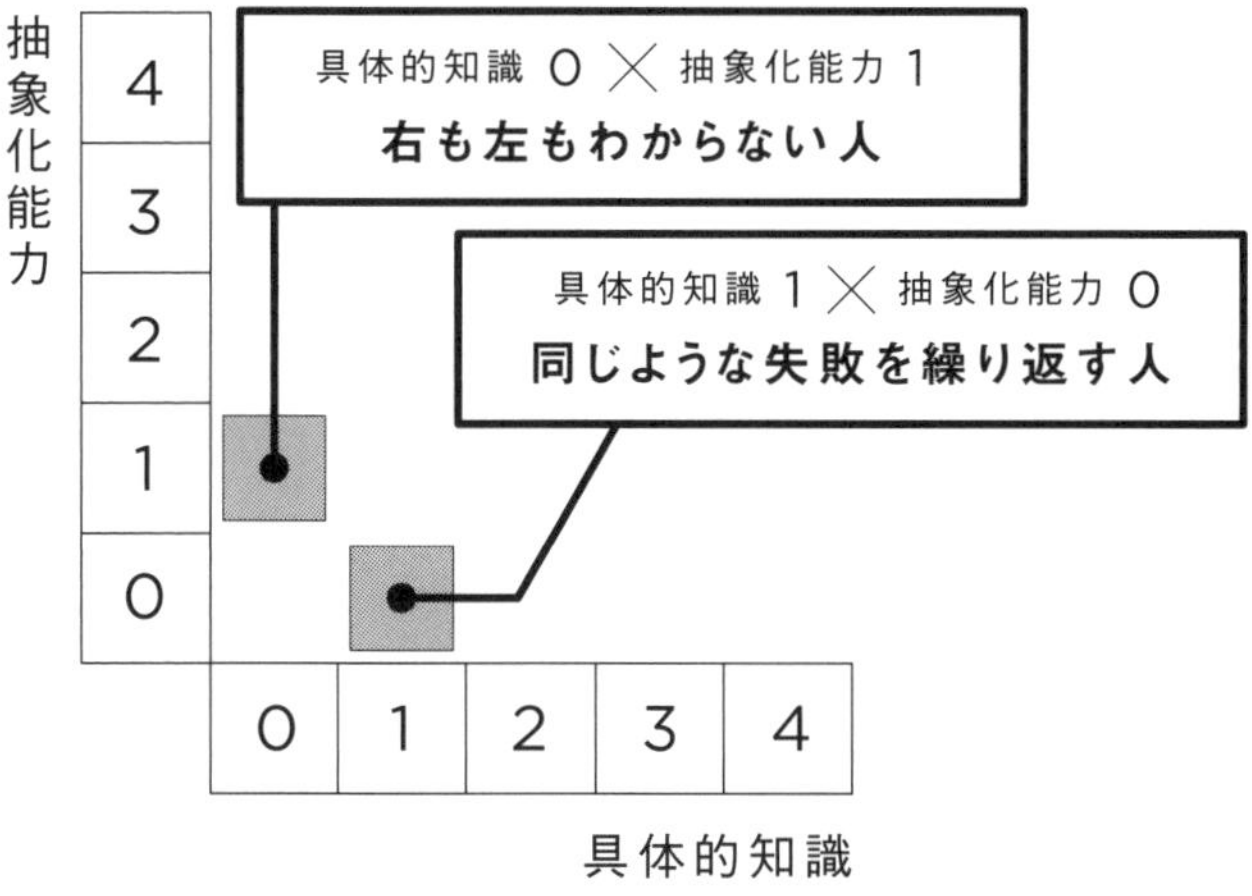

具体的知識レベル1×抽象化能力レベル0

同じような失敗を繰り返す人

- 経験から学ぶことができず、同じような失敗を繰り返す
- 目の前の具体的なことや、実際に経験したことについてしか、話が通じない
- 会話の文脈や目的を理解せず、聞こえてきた単語に反応する
- 相手の状況を考慮せず、自分の経験や思いつきを一方的に話す
- 指示の意図を理解できず、言葉通りの解釈しかできない

口ぐせ

「今回は前とは違う状況です」（じつは同じパターン）
「私も似たような経験があります」（文脈を無視して自分の話を始める）
「あ、○○といえば……」（会話の主旨と関係ない単語に反応）
「そういえば私が昔……」（相手の状況を考えずに自分の話を始める）
「でも前はこうでした」（パターンを見出せず、個別の経験にこだわる）

受け答えの例

相談者　「新人教育の方針について相談があります。最近の新入社員の離職率が高くて困っているんです」
Fさん　「新人研修ですか！　私が新人研修を受けた会場に置かれていた自販機には、お気に入りのドリンクがなくて、毎回、コンビニまで買いに行っていたのを思い出しますよ。あれ、何の話でしたっけ？」

トリセツ：会話の具体的なルールを示す

具体的知識がレベル1なので、対象を正しく識別できません。その点も大いに問題はあるのですが、この思考スタイルの場合は、抽象化能力の低さが表出した〝困った人〟になりやすいです。

具体的な知識は限定的ながらも持っているため、目の前の事象や実際の経験に基づく会話はある程度できます。

しかし、抽象化能力がレベル0なのでパターン認識ができず、似たような状況でも毎回異なる事象として捉えてしまいます。

そのため、「同じような失敗を繰り返す」ことになるのです。

加えて、同じような失敗を繰り返しても、本人は「今回は状況が違う」と認識してしまい、経験から学ぶことができません。

また、抽象度の高い話は理解できず、経験したこと自体の話や、目の前に見えているものそのものの話しか通じませんし、そういった話でも通じるまで時間がかかり、言わば〝とても困った人〟と認定されてしまいがちです。

会話においては、**相手の意図や文脈を理解することができず、聞こえてきた単語に反応**して自分の経験や考えを話し始めます。**相手の置かれている状況や感情を考慮することもできないため、一方的な会話になりがち**です。

指示を受ける際も、その背景にある意図を理解することができず、言われた通りのことしかできません。状況が少しでも変われば対応できなくなり、そのたびに新しい指示を必要とします。

ここで挙げているようなレベルの人は社会人では稀で、いたとしても上のレベルに進む前の過渡期のケースが多いと思います。この状態のままでは、一緒に仕事をする同僚もそうですが、本人も生きづらいはずです。

コミュニケーションにおいては、会話や指示の意図を明確に伝える必要があります。単に「何をするか」だけでなく、「なぜそうするのか」「どういう目的があるのか」を具体的に説明します。

相手の話に反応する際のルールを具体的に示すことも効果的です。たとえば「まず相手の話を最後まで聞く」「質問されたことに対してだけ答える」といった具合です。

失敗した際には、過去の似たような状況を明示して比較し、共通点を具体的に示していきます。これを繰り返すことで、徐々にパターンを認識できるようになっていく可能性があります。

ただし、**抽象的な説明は避け、具体例を中心に話を進める必要**があります。また、一度に多くのことを期待せず、一つひとつ丁寧に指導していくことが重要です。

具体的知識レベル0×抽象化能力レベル1

右も左もわからない人

- ものごとを正確に認識・把握することができない
- 見えているものが事実なのか思い込みなのかの区別があいまい
- 誤った情報に基づいて、基本的なパターン認識を行おうとする
- 自分の持っている情報があいまいであることを自覚していない
- 指示された内容を正確に把握できず、思い込みで行動してしまう

口ぐせ

「たぶんこんな感じです」（実際とは異なる認識）
「なんとなくわかった気がします」（実際は誤解している）
「見たことありますよ」（実際は別のものと混同）
「大体同じようなものです」（じつは重要な違いがある）

受け答えの例

相談者　「新人教育の方針について相談があります。最近の新入社員の離職率が高くて困っているんです」

Gさん　「あ、離職の問題ですね。うちの部署でも誰か辞めたような……。先月かな、先々月かな（実際は新入社員の退職者はおらず、ベテランが介護休職したことを勘違いしている）？　あと、研修が厳しすぎるんじゃないかな（実際の研修で何をやっているかもわからず話している）」

トリセツ：事実と思い込みを切り分けさせる

この思考スタイルで留まる社会人は、ほぼ皆無です。抽象化能力レベル1の人が、まったく経験のない分野を学び始めた瞬間くらいしか実際は存在し得ないと言えます。ほどなく具体的知識レベル1×抽象化能力レベル1に移行するでしょう。

具体的知識レベル0ということは対象を正しく識別できません。解像度が低く、視野も狭いのです。**対象を正しく識別できないため、誤解だらけ、勘違いだらけ**です。

抽象化能力はレベル1ですから、代表的なパターン認識をすることはできますが、抽象度の高い話はきちんと理解できないことも多く、極端な抽象化をしてしまうことがあります。

この思考スタイルは、抽象化能力にも大いに問題はあるのですが、具体的知識の著しい不足が影響して〝困った人〟になってしまいます。

基本的なパターン認識はできますが、その**材料となる具体的な認識が不正確なため、誤った判断や行動につながりやすい**状態です。

目の前の事象を正確に認識・把握することができず、あいまいな理解や思い込みのまま判断を下してしまいます。そのため、事実誤認が多く発生します。しかし、本人がその認識の不確かさを自覚していない場合は、誤った認識のまま行動を続けてしまいます。

わずかにあるパターン認識力も、不正確な認識に基づいて使われるため、かえって混乱を招く結果となることがあります。「似たようなパターン」と判断しても、その前提となる認識が間違っているため、適切な判断につながりません。

この思考スタイルの人を指導する際に最も重要なのは、**正確な認識・把握の基礎を築く**ことです。本人は自身の認識があいまいだという自覚が薄く、思い込みや誤認をしたまま行動しがちです。そのため、まずは事実と思い込みの区別ができるように支援していく必要があります。

具体的な指示を出す際は、必ず本人に状況を説明させ、認識の正確さを確認することから始めましょう。「わかりました」という返事をしても、実際には誤解していたり、思い込みをしていたりすることが多いため、具体的な行動レベルで確認を取ることが重要です。

報告を受ける際も、「なんとなく」「たぶん」といったあいまいな表現が出てきたら、必ず事実確認を行います。「具体的に何を見ましたか？」「実際にどのような状況でしたか？」といった質問を通じて、事実に基づいた報告ができるよう促していきます。

ミスが発生した際は、叱責するのではなく、なぜそのように認識したのかのプロセスを確認することが有効です。この思考スタイルの人には、不十分ながら抽象化能力があり、代表的なパターン認識はできます。多くの場合、認識の誤りが原因でミスが発生しているため、どの段階で認識を誤ったのかを把握することで、同様のミスの予防につながります。


成長を促すためには、**基礎的な観察力を養う訓練**が必要です。ただし、一度に多くのことを求めすぎると混乱させる可能性があるため、最初は単純な事象の観察から始め、徐々に複雑なものへと移行させていくのが効果的です。

また、本人の基本的なパターン認識力を活かしつつ、そのインプットとなる具体的な認識の精度を上げていく必要があります。認識が正確になれば、すでに持っているパターン認識能力がより効果的に機能するようになるでしょう。

指導する側は忍耐強く、かつさりげなく関わることが重要です。本人は自身の認識の不確かさに気づいていない可能性が高いため、性急な指摘や過度な要求は逆効果になりかねません。日常的な業務の中で、少しずつ正確な認識力を育てていくという姿勢が求められます。

具体的知識レベル1×抽象化能力レベル1の思考スタイル

具体的知識レベル1×抽象化能力レベル1の思考スタイルには3種類あります。

まず、具体的知識の低さが表れる思考スタイル2種です。どちらも対象を正しく識別できないのですが、その理由が異なります。ひとつめは「解像度が低い」ため、ふたつめは「視野が狭い」ためです。残りのもう1種類が、抽象化能力の低さが表れる思考スタイルです。

どのスタイルもなかなか話が通じず、〝困った人〟と認定されてしまいがちです。順に解説します。

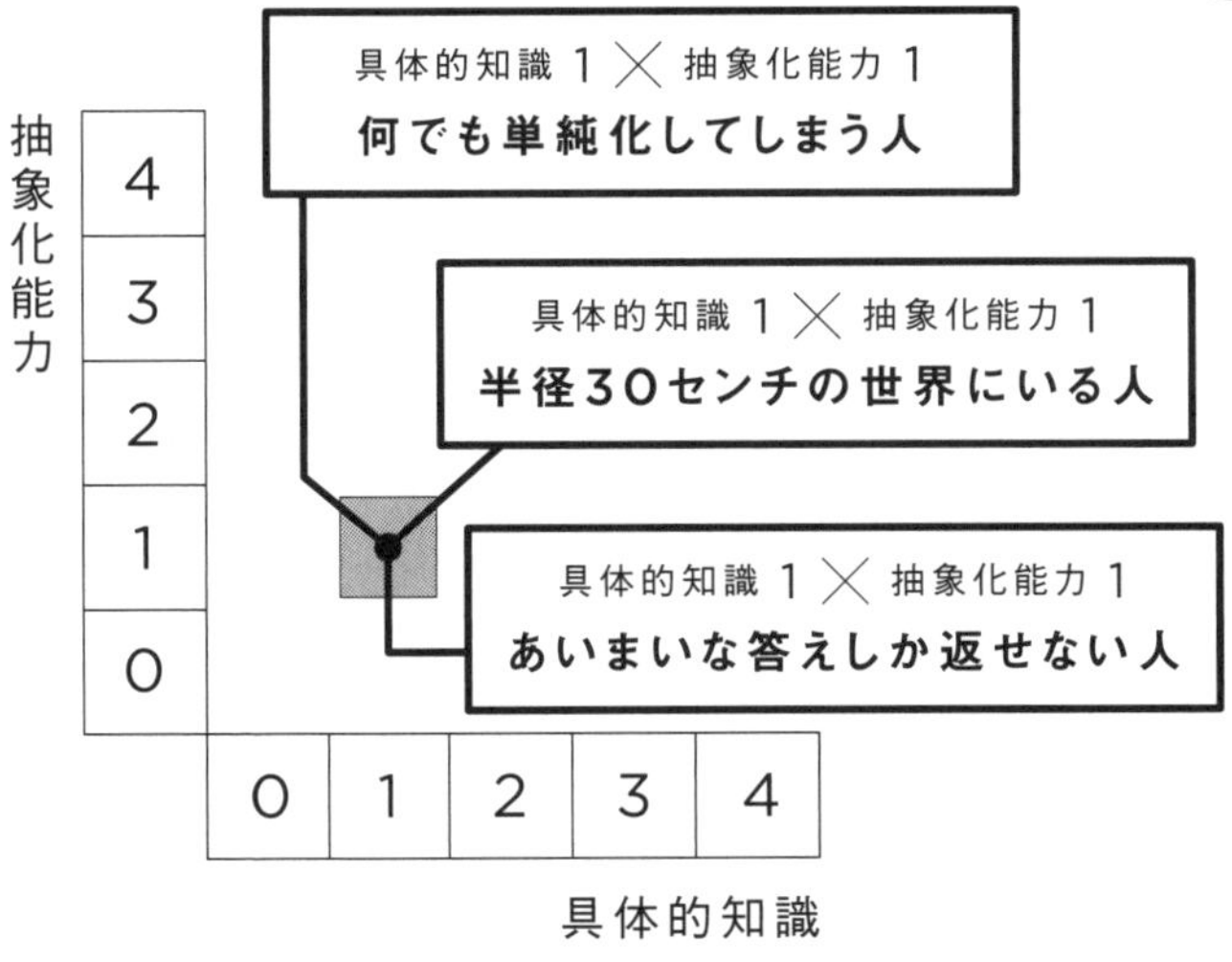

あいまいな答えしか返せない人

- **解像度が不十分なため具体的知識が欠如している**
- **対象を詳細に観察・把握できていないため、特徴を正確に説明できない**
- **相手が求める精度の情報を持ち合わせておらず、大まかな印象レベルの回答しかできない**

口ぐせ

「たぶん」「だいたい」「なんとなく」「まあまあ」などの言葉
「バッと」「どんどん」「ざっくり」などの擬音語、擬態語
「いい感じ」「なんかこう」などの感覚的な表現

受け答えの例

相談者　「新人教育の方針について相談があります。最近の新入社員の離職率が高くて困っているんです」
Hさん　「うーん、確かに最近辞める人多いですよね。うちの部の○○さんも、なんかこう、元気なさそうでしたし……私の新人の頃は、まあまあ楽しかったんですけどね……なんとなく、今は違うのかなぁ」

トリセツ：「解像度が高い状態」を自覚させる

この思考スタイルの人は、ものごとを観察・把握する際の解像度が低いため、具体的な詳細情報を持ち合わせていません。

たとえば、商品の在庫数を聞かれて「まだたくさんある」としか答えられない、プロジェクトの進捗を「意外と順調」とだけ表現する、商談の所要時間を「思ったより早く終わりそう」としか言えないといった具合です。

本人は質問の意図を理解しようとはしており、できるだけ正確に答えようとする意思もあるのですが、持っている情報自体があいまいな印象レベルのものでしかないため、具体的な数値や明確な表現を用いた回答ができません。

この傾向は、時間や数量、具体的な特徴を説明する場面で顕著に表れます。「3時15分」ではなく「3時すぎ」、「赤色から黄色へのグラデーション」ではなく「赤っぽい色」といった具合に、あいまいさを含んだ表現しか使えないのです。

結果として、**正確な情報が必要な業務の場面で支障をきたしたり、具体的な指示や**

報告が必要な状況で混乱を招いたりすることになります。

しかし、これは意図的にあいまいな表現を使っているわけではなく、単に観察・把握の解像度が低いことに起因する問題なのです。


また、**会話が表面的であり、その判断も表面的な類似性だけで判断してしまう**などの特徴があります。自分では理解しているつもり、考えているつもりであっても、それらが表層的なことが多いのも特徴です。インプットの解像度が低いので、詳細な議論はできませんし、詳細な情報に基づいた抽象化もできません。

インプットの解像度が低いという自覚もあまりないことから、解像度を上げなければいけないという危機感がないことも珍しくありません。

生まれつき目が悪い人が、メガネをかけるまで自分の目が悪いことに気づけないのと同じです。「見える」とはどういうことかがわかって初めて、「しっかり見えていない」ことに気づけるのです。

抽象的な指示、問い、説明に対しては、わかったようなリアクションをすることも多いのですが、実際には理解できていないことが多く、質問されて初めて自分が理解できていなかったことや抜け漏れに気づきます。

職場において、このレベルの人が上司でいることは稀です。多くは部下か同僚に当たるはずです。もし、こういった人が上司だったら……早くそこから脱出すべきです。異動を願い出たり、転職を考えたりするほうがいいかもしれません。

抽象的な指示、問い、説明は、わかったようなリアクションでも、通じていないと考えるほうが無難です。現状に即した具体例を示す必要があります。

作業の指示をする際には、最初にその作業の目的を明確に伝え、その後に具体的な作業内容を伝え、相手の言葉でそれを確認させるという手順を毎回行うことによって、弱点の克服につながる可能性があります。

大人であれば、すべての分野において具体的知識のレベルが1であることも稀です。その人が最も得意としている分野で、解像度が高く、きっちり見えている状態を見つけ、**「解像度高く見えている」とはどういう状態なのかを気づかせる**ことも大切です。

具体的知識レベル1（視野が不十分）×抽象化能力レベル1

半径30センチの世界にいる人

◦視野が不十分なために、対峙している事象の全体像が見えていない

◦見えている自分の担当範囲の一部は詳細まで把握しているが、その外側に対しては関心も知識も乏しい

◦見えているものがすべてと考えがちで、それに基づいて判断してしまう

口ぐせ

「わが部署のためには」

「私の担当ではありません」

「それは聞いていません、指示されていません」

「私には関係ありません」

受け答えの例

相談者「新人教育の方針について相談があります。最近の新入社員の離職率が高くて困っているんです」

Iさん「私の部下は問題ありませんよ。ちゃんと毎日残業していますし。離職率の問題って本当にあるんですか？　他部署のことはわかりませんが……」

トリセツ：全体像を意識させる

具体的知識レベル1×抽象化能力レベル1の2パターン目は、具体的知識のうち、「視野が不十分」なタイプです。

「右も左もわからない人」よりは解像度が高いとは言え、視野が不十分で全体を捉えられていない状態です。が、視野が不十分だという自覚がありません。インプットとなる情報が限定されているため、判断も偏ったものになりがちです。

このタイプの人は、往々にして自分の担当業務に対して真面目で、責任感も強い傾向にあります。自分の担当範囲については確かな知識を持ち、細部まで把握していることも多いのですが、その視野が担当範囲内で完結してしまっています。

情報の取得が限定的であり、主に身近な情報源や直接体験したことだけに基づいて世界を理解してしまい、偏った意見になりやすいという特徴があります。

また、見えているものがすべてだと思い込みがちなため、**結果的に部分最適にしかなっていない解決策を取る**ことが多いです。

しかし、本人が自ら、それに気づくことはなく、「自分の担当範囲については問題なく、この解決策は正しい」と考えがちです。

その結果、部門間の連携が必要な部分で支障をきたしたり、組織全体の最適化を阻害してしまったりする要因になってしまうことがあります。

「あいまいな答えしか返せない人」とは違って、このタイプの人は上司、同僚、部下、どこにでも存在しえます。

上司の場合は、自分の部署のメンバーに対しては面倒見も良く、守ってくれることが多い「良い上司」に思えます。一方で、大局観がなく部分最適な判断が多いため、他部署からは「イケていない部署」と思われている可能性があります。少しでもその上司の視野を広げられるような促しが必要となります。

部下の場合、ある領域については詳しく、責任感も強いこともあり、担当者としては優秀だと思われることもあるかもしれません。しかし、担当範囲が広がったり、他の部署との連携を考えたりしなければいけない立場になった瞬間に、この評価は覆されることになります。「つながり」を無視して、正しい判断はできないからです。

このタイプと接するときには、まず、自分たちが行っている会話や行動が最終的に何を目指しているかを明確にすることが大切です。

目指している全体像、全体の中の位置付け、他領域との関係をわかりやすく説明したうえで、この思考スタイルの人の担当領域の話をするわけです。

そして、関連する他部門との情報共有の機会を増やし、担当領域との関係を意識させることも重要です。

立ち位置を変えれば、ズームアウトすれば、見えてくるものが違うことを意識させ、様々な立ち場に立ったり、思い切り俯瞰してみたりしてもらうことによって状況は改善されます。

何でも単純化してしまう人

- 抽象化能力の低さが表れている状態
- 質問の意図、会話の目的を把握できず、質問に正しく答えられなかったり、会話泥棒になってしまったりする
- 二者択一的な思考に陥りやすく、中間的な選択肢や複数の要因が組み合わさった可能性を考慮できない

口ぐせ

「あ、わかった！」（本当はわかっていない）
「それは○○ということですね」（相手の言葉をさえぎって早とちり）
「前のと同じですね」（手段は同じでも目的が違うことに対して）
「昔から○○に決まっている」「○○しかありえない」と決めつける

受け答えの例

相談者「新人教育の方針について相談があります。最近の新入社員の離職率が高くて困っているんです」
Jさん「新人が辞めるのは、要するに根性がないからですよ。昔の新人は違いました。今の若い子はすぐ辞めたがる。それだけの話です」

トリセツ：忍耐強く「なぜ」を問う

抽象化能力の低さが問題点として表れるタイプです。

全体像を把握せずに、気になる言葉に飛びついてしまったり、質問に答えずその周辺情報を延々と話したり、会話の主旨から逸れたどうでもいい質問をしてみたり、ものごとを極端な二項対立として整理してしまったりする傾向があります。

ものごとを理解しようという意欲自体は持っています。しかし、抽象化能力の不足により、複雑な問題を過度に単純化して捉えてしまいます。

そのため「結局のところ○○が原因だ」「要は△△すればいい」といった形で、複雑な事象をひとつの要因に還元しようとする傾向が強くなります。

また、**類似点、相違点を具体的に洗い出すことをせず、見た目が似ているだけ、名前が似ているだけで、安易に似ていると判断してしまう**のもこのタイプの特徴です。結果として、早とちりがとても多くなってしまいます。

また、情報を得るときに、重要か重要でないかという判断軸ではなく、自分にとって**「わかりやすい」か「わかりにくい」か、で情報の取捨選択をしがち**なため、偏る傾向があります。重要な情報を「よくわからなかったから」で軽視したり、無視したりしてしまう危険性があるのです。

何らかの活動に成功・失敗をしたときにも、単純に「景気が悪いから」「メンバーが優秀だったから」とわかりやすい原因に決めつけがちなことが多く、詳細な根本原因分析をすることが少ないのもこのタイプの特徴です。

「何でも単純化してしまう人」とコミュニケーションをとる場合は、シンプルかつ具体的に伝えることが基本です。一度にひとつの話題を扱い、明確な例を用いて説明しましょう。結論から先に伝え、視覚的な補助（図表やチェックリスト）を活用すると効果的です。また、理解度を確認するステップを設け、合意内容は簡潔にメモしておきましょう。

成長を促すためには、単純な思考が通用しない状況に徐々に直面させることが大切です。

そして、問いかけの質を工夫します。「これはどう思う？」という単純な質問ではなく、「もしこの条件が変わったら、結果はどう変わると思う？」といった思考を促す質問を投げかけます。

最初は答えに窮するかもしれませんが、こうした問いかけを続けることで複雑な思考への扉を開くことができます。

また、深く考える習慣をつけさせることも重要です。「なぜそう思うの？」「なぜそうなるの？」と掘り下げる質問を投げかけることで、表面的な理解から一歩踏み込んだ思考へと導きます。

「あいまいな答えしか返せない人」や「半径30センチの世界にいる人」の特徴に、この「何でも単純化してしまう人」の特徴が組み合わさることも珍しくありません。

具体的知識レベル1×抽象化能力レベル1の思考スタイルの人共通のこととして、**抽象的な話は、わかったようなリアクションをしていても、通じていない可能性が高いことに注意する**必要があります。

きちんと理解してもらうためには、**現状に即した具体的な例を使って話すことが必須**なのですが、この際、くれぐれも現状と離れた比喩は使わないようにしましょう。想像を超えた解釈をされ、大きな混乱につながりかねません。

「新人教育は植物を育てるのと同じでね、水をやりすぎても駄目だし、やらなさすぎてもダメなんだ。適度な水やりが大切なんだよ」と上司が説明すると、「なるほど！　では早速、研修室にウォーターサーバーを設置しましょう。新人が喉が渇いたときに適量の水が飲めるようにすれば、良い成果が出そうですね」と答えてしまうようなことが起こってしまいます。

具体的知識レベル1×抽象化能力レベル2の思考スタイル

具体的知識レベル1×抽象化能力レベル2の思考スタイルには2種類あります。

どちらも対象を正しく識別できないのですが、その理由が異なります。ひとつめは「解像度が低い」ため、ふたつめは「視野が狭い」ためです。

抽象化能力レベル2ということは、自分なりの概念化、パターン認識はできますし、本人も抽象化能力に自信を持っている可能性も高いです。一方で、適用判断力が不十分なことによる失敗をしがちです。

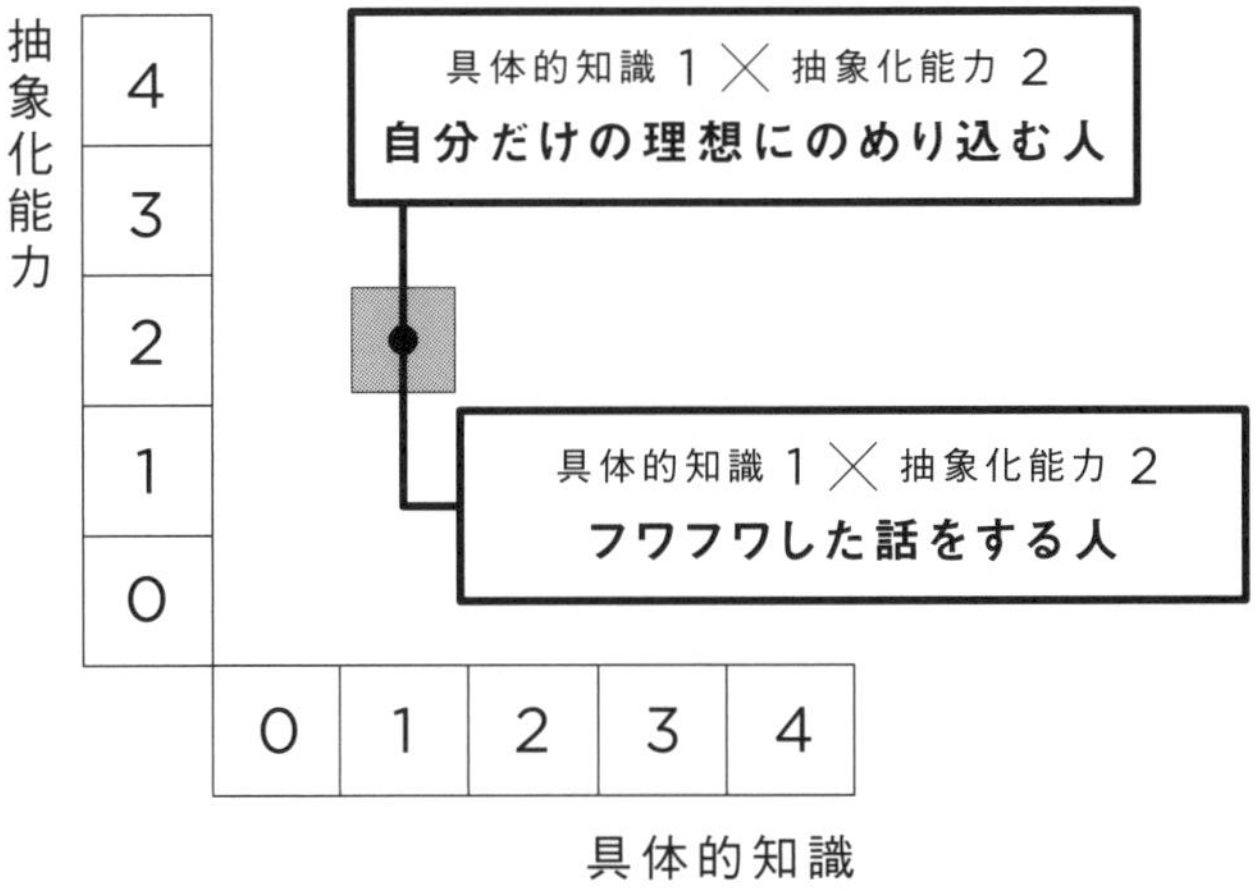

具体的知識レベル1（解像度が不十分）×抽象化能力レベル2

フワフワした話をする人

- ものごとの詳細を正確に把握できていないのに、抽象的な概念を使って説明しようとする
- 実態を伴わない理論や一般論を語る
- 聞こえの良い専門用語らしきものを多用する
- 具体的な質問をされると途端にあいまいになり、「それは表面的な問題です」「もっと大きな視点で見るべきです」などのように、はぐらかすような回答をしがち

口ぐせ

「本質的には」「原理原則として」
「パラダイムシフトの視点で」
「グローバルスタンダードでは」
「イノベーションの観点では」（カタカナ語や専門用語の多用）

受け答えの例

相談者「新人教育の方針について相談があります。最近の新入社員の離職率が高くて困っているんです」
Kさん「これは人材育成のパラダイムシフトが必要な事例ですね。イノベーティブな人材マネジメントの観点から、新しい時代に即したアプローチが……」

トリセツ：具体的な中身を必ず確認

具体的知識レベル1のうち、「解像度が不十分」な場合の思考スタイルです。

この思考スタイルの人は、**抽象的な概念を理解し操ることはできますが、ものごとの詳細を正確に把握できていない状態**です。対象を漠然としか見られず、あいまいな理解のまま抽象的な話を展開してしまいます。

本人は理論や概念をよく理解しているつもりなので、議論も抽象度の高いレベルで行おうとしますが、その理論や概念の具体的な意味や適用方法については十分な理解ができていません。その結果、実務的な質問をされると途端にあいまいな回答しかできなくなります。

また、抽象的な議論を好む傾向があり、具体的な事実の確認を求められても、すぐに抽象的な話に逃げてしまいます。

実態の伴わない理論や一般論を語ることに満足してしまい、具体的な理解を深める必要性に気づけていません。

この思考スタイルの人は上司にも同僚にも部下にも存在します。特に総合職では、抽象化能力が評価されると出世しやすい傾向があり、いわゆる管理職に就いているケースも多々あると思います。

こういった人が上司の場合、気をつけないといけません。

いかようにも解釈できる抽象的な指示が多く、それに従ったつもりで完成させても、完成品を見て「ちょっと違うな……」という**感覚的なフィードバックを返してきて、やり直しが頻発するリスク**があるのです。

上司には抽象的なイメージしかなく、感覚的なフィードバックしか返さないので、部下としてはどう修正していいかもわからず、右往左往することになります。

最終的には「ちょっと違うな……」と言われたバージョンのものが、「これでもいいや」と採用されることもあります。やり直しの時間は一体何だったのだろうと思うことがしばしば起こってしまうのです。

こういったことを回避するためには、**抽象的な指示に対し、具体的にどうするべき**

かを必ず確認し、具体的な実行計画や数値目標を提案し、合意を得ることが必要です。また、定期的に具体的な進捗報告を行い、現状認識を共有することも大切です。

この思考スタイルの部下や同僚が抽象的な話題に入ろうとしたら、必ず具体的な事実の確認を求めなければなりません。「それは具体的にどういうことですか？」と掘り下げる質問を繰り返しましょう。

理論や概念を説明させる際は必ず具体例を添えるよう指示したり、現場での実践経験を積ませて具体的な観察と記録を習慣づけさせたりすることも効果的です。

具体的知識レベル1（視野が不十分）×抽象化能力レベル2

自分だけの理想にのめり込む人

- 限られた経験や狭い視野からの観察だけで、大きな理論を組み立てようとする
- 自分の見ている範囲だけで一般化してしまう
- 考慮すべき要素を見落としたまま壮大な提案をするため、実現可能性が低い案になりがち

口ぐせ

「私の経験から導き出された普遍的な法則として」
「細かいことは後で考えればいい」
「これさえ実現できればすべてが解決する」
「理想を追求することが何より大切」
（実現可能性を問われると）「現実的な制約にとらわれてはいけない」

受け答えの例

相談者　「新人教育の方針について相談があります。最近の新入社員の離職率が高くて困っているんです」

Lさん　「新人の離職問題は、やはり一律にフレキシブルな働き方を導入することで解決できると思います。たとえば、全員が在宅勤務に切り替えれば、ストレスも減って離職率も改善するはずです。実際、私が前職で在宅勤務をしたときはかなり仕事がしやすかったです。どう運用するかは、現場の人たちに任せればいいと思います」

トリセツ：多角的な観点を与える

具体的知識レベル1のうち、「視野が不十分」な場合の思考スタイルです。

この思考スタイルの人は限られた範囲での観察や経験から、大きな理論を組み立てようとします。**自分の見ている範囲は詳しく見えていても、それが全体のごく一部にすぎないという認識が欠けています。**

抽象化能力自体はある程度高いため、自分の限られた経験から理論を構築することはできますが、視野が狭いため、重要な要素を見落としたまま一般化してしまいます。その結果、**実現可能性の低い理想論を展開する**ことになります。

また、自分の見ている範囲での成功体験を過度に一般化し、異なる状況下でも同じように通用すると考えがちです。実現のための具体的な課題を指摘されても、「理想の追求の妨げとなる些末な問題」として軽視する傾向があります。

「フワフワした話をする人」と似ていますが、両者の違いは、**「フワフワした話をする人」が既存の抽象的な概念や理論を多用するのに対し、「自分だけの理想にのめり**

込む人」は自分の限られた経験から大きな理論を作り上げようとする点にあります。

前者は詳細があいまいなまま語り、後者は重要な要素を見落としたまま語るのです。

両者の共通点は抽象的な議論を好む点ですが、前者は詳細が見えていないことが問題なのに対し、後者は全体が見えていないことが問題です。そのため改善アプローチも異なり、前者には詳細な観察と記録を習慣づけることが、後者には視野を広げ多角的な検討を促すことが効果的です。

「自分だけの理想にのめり込む人」は、自分の見ている範囲内では詳細も見えているため、「フワフワした話をする人」よりも自説に確信を持ちやすく、周囲の指摘を受け入れにくい傾向があります。


この思考スタイルの人が上司の場合はかなり厄介です。持論に自信を持っており、それを曲げようとしません。ただ、その持論は限られた情報を基に作られたものであり、必ずしも正しいものとは限りません。

上司自身がそれに気づくような問いかけをする必要があります。

そのためには、提案に対して「他部門への影響は?」「コストは?」など多角的な質問をしたり、実現可能性の検討を段階的に行うことを提案したり、関係者との調整機会を積極的に設定したりする必要があります。

部下や同僚の場合は、様々な立場からの検討を促し、視野を広げる機会を作ったり、理想と現実のギャップを具体的に示し段階的な実現プランを考えさせたり、他部門との協業機会を増やし異なる視点に触れさせたり、チームでの検討の場を設け多様な意見を出し合ったりするのがオススメです。

具体的知識レベル2×抽象化能力レベル1&2の思考スタイル

具体的知識レベルが2になると、特定のある対象についてはさまざまなことについての知識を持っている状態と言えます。ただし、その対象に外部から影響を与える要素や、その対象が含まれる系（システム）にまでは視野は広がっていません。その結果、外部要因による影響を見逃してしまうリスクがあります。

抽象化能力のレベルは1でも2でも十分とは言えませんが、2になってくると自他ともに評価が先行し、大きな失敗につながりかねないので注意が必要です。

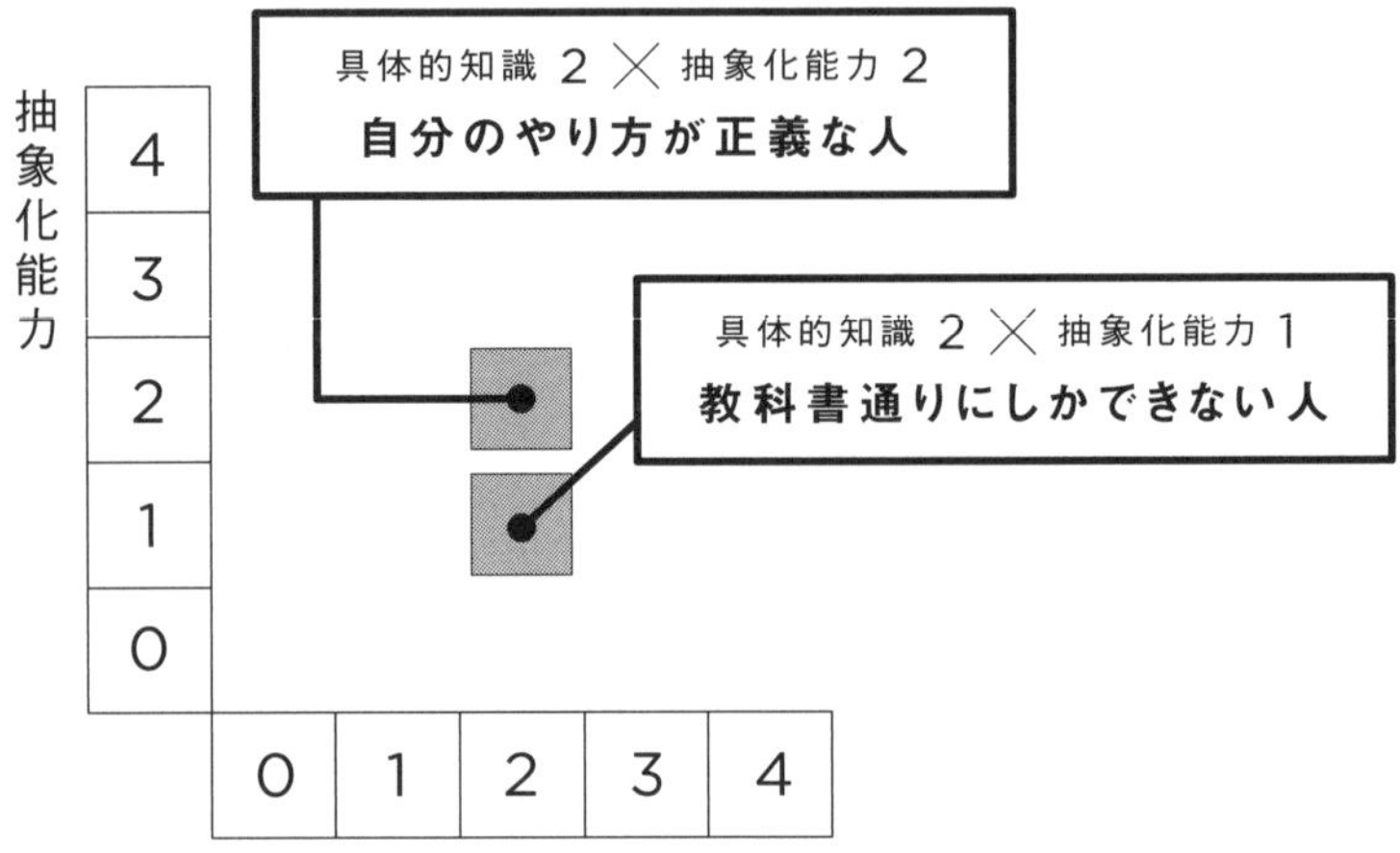

具体的知識レベル2×抽象化能力レベル1

教科書通りにしかできない人

- 担当分野については詳しい知識を持ち、定型的業務、知識を問う業務はこなせる
- 与えられた手順や基準に従う作業は得意だが、例外的な事態、想定外の事態に対応できない
- 抽象的な話を自分の知識内の具体例に強引に当てはめて理解したつもりになることが多い

口ぐせ

「それは私の知っている〇〇のことですね」
「マニュアル通りにやります」
「前例がありません」
「研修ではそう習っていません」

受け答えの例

相談者「新人教育の方針について相談があります。最近の新入社員の離職率が高くて困っているんです」

Mさん「確かに離職率が高いのは気になりますね。ただ、新人研修の流れ自体はこれまでうまく回っていたと思います。マニュアル通りに進めることで、全員が基本を身につけられました。もし何か改善が必要だとしたら、たとえば休憩時間を長くするとか、細かい運用の部分を少し変えるくらいでしょうか。それ以上の変更となると、研修の基本が崩れる気がします」

トリセツ：会話や活動の目的を具体的な言葉で確認する

具体的知識のレベルが2なので、たとえばある商品について、その機能や性能、使い方、価格など、商品そのものに対する知識は十分にあります。ただし、その商品が使われる環境や、競合製品との関係性、市場動向といった外部要因についての知識は不十分です。

一方で抽象化能力はレベル1と低く、パターン認識が基本的なものに限られ、適用条件の判断も不十分です。そのため、**目の前の事象を既知のパターンに当てはめようとしますが、その判断を誤ることが多くなります。**

この思考スタイルの人は、学校の定期テストや資格試験で優秀な成績を収めることが多いです。教科書やマニュアルに書かれている内容はきちんと理解し、定型的な問題も正確に解くことができます。

しかし、その**知識を実務で活用する際に困難を感じます。なぜなら実務では、基本的な知識を土台としながらも、状況に応じた応用や調整が必要になるから**です。

教科書やマニュアルに書かれていない状況に直面すると、持っている知識を柔軟に活用することができず、立ち往生してしまいます。

また、複数の知識を組み合わせて新しい解決策を考え出すことも苦手です。一つひとつの知識は正確に理解していても、それらを関連付けて活用することが難しいのです。

特に注目すべき特徴は、抽象的な概念や新しい考え方を理解する際の独特のパターンです。**自分が持っている具体的な知識に無理やり当てはめて理解したつもりになってしまいます。**じつはまったく異なる文脈の話なのに、自分が思う過去の似た事例と同一視してしまい、その結果、誤った対応をしてしまうわけです。

自分の知識の限界や応用の難しさに気づくことができず、**「知っている」ことを「理解している」と勘違いしている**ケースも見られます。具体的知識レベル1×抽象化能力レベル1の「何でも単純化してしまう人」と似ていますが、「教科書通りにしかできない人」のほうが自分は理解できていると思っているために再考することが少ないです。

また、定型通りにやったことによって成功体験を得て、定型から外れたことによって失敗したという過去の経験から、定型業務からの逸脱を恐れる傾向もあります。マニュアルや規則を厳格に守ったり、前例のないことには強い抵抗を示したりする一方、状況の変化には対応できないなど、柔軟性に欠けた対応になりがちです。

会話においては主旨が何かを捉えるのが苦手なため、豊富な具体的情報の中から「どうでもいい部分」をいちいち拾い上げて尋ねがちで「その部分は本題とは関係ないのに……」と周囲を呆れさせてしまうこともあります。

この思考スタイルの人は、今持っている専門知識を得るために、時間をかけて努力を重ねてきた人の割合が高く、真面目な人が多いです。ただ、抽象化能力が低いために、その努力も非効率なものだった可能性が否定できません。

若い頃は優秀な人材として認識されますが、ある程度時間が経つと「あれ、何か違うな。期待ほどではない」という評価を受けがちです。基本的に真面目で一生懸命な人が多く、そういった評価に対してショックを受けたり、評価者が間違っていると考え、上司とギクシャクしたりすることもあります。

こういう人が上司の場合は、**大局観のない対症療法的な指示に注意する**必要があります。

指示が降りてきたときは、いったん、「自分の成長のために、今やっている活動の目的を私の言葉で確認させてください」と言ってみるのがいいでしょう。

今やっている活動の目的を自分の言葉で話すことでその上司にも発見があるかもしれませんし、近視眼的になりがちな上司の目を全体に向けるように促してみる効果もあります。

「そのやり方は対症療法的なので、こちらの方法のほうが良いです」と直球で勝負する手もなくはありませんが、上司のプライドを損ね、関係が悪化するのはお互いにとって良いことではありません。

今やっている活動の目的と、指示の内容にミスマッチがあるとわかったときは、「〇〇課長が仰る活動の目的を考えたら、こちらの方法もアリかもしれませんね。試してみてもいいでしょうか?」と代替案を提案します。

活動の目的について、自分の言葉をあたかも上司が発言したかのようにすることがミソです。お互いが合意できるレベルの活動目的をスタートポイントとし、それを満たすための代替案を一緒に考えた形に落とし込むわけです。

この思考スタイルの人が同僚や部下の場合、**抽象的な概念を伝える際は、まず具体例を示してから説明する**ことが効果的です。その人の専門分野に関連した具体例を使って新しい考え方を説明すると、理解が進みやすくなります。

「この案件はいつもと違う対応が必要です」ではなく、「この案件とマニュアルの記載例では、〇〇という点が異なります。そのため、△△という対応が必要になります」。「もっと柔軟に考えましょう」ではなく、「マニュアルのAという対応とBという対応を組み合わせると、このケースにも対応できそうですね」などと伝えるといいでしょう。

また、理解度を確認する際は「わかりましたか？」という質問は避け、具体的にどう実践するかを説明してもらうようにします。理解が不十分な場合は、さらに具体例を示しながら、段階的に説明を進めていく必要があります。

そのうえで、実務での応用力を育てていくためには、定型的な業務の「なぜそうするのか」という理由を説明してもらったり、似ているように見える複数のケースの違いを比較検討させたり、標準的な手順を少しだけ変更した場合どうなるかを考えさせたりすることが重要です。

そして、失敗しても大丈夫な小さな範囲で、応用的な判断を任せてみるというステップを踏むことで、徐々に応用力を身につけられるよう支援していきます。

この思考スタイルの人々は、コツコツと努力を重ねていくことができるという長所を持っています。しかし、その努力が知識の蓄積に偏り、応用力の向上につながっていないことが課題です。大切なのは、知識を否定するのではなく、その知識を活かしながら、少しずつ応用できる範囲を広げていくことです。

自分のやり方が正義な人

- 自分の経験から独自の概念やパターンを作り上げることができるが、それを普遍的な法則だと思い込む傾向がある
- 似たような状況と判断した場合では過去の成功パターンをそのまま適用しようとする
- 対象については詳細に把握しているが、外部要因による影響については見落とすことがある

口ぐせ

「私の経験では」「これは○○のパターンですね」

「前にも同じようなことがありました」

受け答えの例

相談者「新人教育の方針について相談があります。最近の新入社員の離職率が高くて困っているんです」

Nさん「私が10年前に営業部門のマネージャーだったときの成功体験をお話しします。当時も似たような状況でしたが、新人には必ず100件の営業を任せ、そこで揉まれることで大きく成長しました。離職率も下がり、結果的に優秀な社員が育ちました。今回もまったく同じやり方で進めれば必ずうまくいきます。確かに今はIT部門の話かもしれませんが、本質は変わりません。やはり厳しい環境で鍛えることが重要なんです。この方法は、私の経験からして間違いありません」

トリセツ：〝自説〟を認めつつ相違点に目を向けさせる

具体的知識レベルに加えて、抽象化能力もレベル2になると、複数の具体的な事例から、適切な抽象化の軸に従って、パターン認識、概念化をすることができますし、自身が持っている具体的な知識を広く活用することも可能です。学習の効率も高くなります。

自身は抽象化能力に自信を持っていることが多く、周囲もそれを認めています。

そのため、この思考スタイルの人の多くは、自信を持って行動することで、周囲に安心感を与え、強いリーダーシップを示します。標準的な手法やフレームワークも使いこなし、多くの場合は一定の成果を出すことができます。その結果、一般的には「仕事ができる人」「しっかりした人」との評価を受けていることが多いでしょう。

ですが、ここに落とし穴があります。

自説を強引に推し進めることで、大きな失敗をしてしまう場合があるのです。

この思考スタイルの人は、ある程度の経験と知識を持ち、そこから自分なりのパターンを見出すことができます。ですが、抽象化能力レベル2というのはまだ中レベル。適用判断力が不十分なため、状況の違いまで適切に判断できるとは限りません。過去の成功体験に強く影響を受け、そのときの方法が普遍的に通用すると信じてしまい、条件が異なる場合でも同じアプローチを試みて失敗してしまうのです。

このとき、確信に満ちた説明が周囲の意見を封じるという面もあります。この思考スタイルの人の言葉には、一見、説得力があるため、周囲も「この人はわかっている」と錯覚し、意見しづらくなります。結果として、誤った判断が修正されにくいわけです。

また、自説への強いこだわりから、異なる視点や意見を受け入れにくいという特徴もあります。その主張がユニークなものであればあるほど、それに固執し、ときとして周囲の理解を得られないまま強引に進めてしまい混乱を招くリスクもあります。

レベル1以下を含む思考スタイルの人が重要な仕事を任せられることは稀ですが、具体的知識レベル2×抽象化能力レベル2の人は重要な仕事を任せられる可能性が高ります。

よって、この思考スタイルの人は、マネジメント層に多く存在しえます。社内や組織内で高く評価され、本人も自信を持っていて、強いリーダーシップで組織を率いていることも多いと思われます。

また、部下にこのタイプがいる場合、鍛えがいがあると言えます。

中程度の抽象化能力を持っているため、現在進めている活動の目的を明確にし、それを満たすことの重要性の再確認をすることは容易です。

まずは、そこをスタートポイントとしたうえで、現在取ろうとしているアプローチの是非を検討します。

その際、**過去の成功事例と現在の状況の違いを具体的に示すことが重要**となります。「前回のケースでは確かにそのアプローチは有効だった」と認めつつ、現在のケースでは何が異なるのかを詳しく説明するのです。

また、対象に影響を与える可能性のある要素を洗い出すのもポイントです。具体的知識のレベルが2ですから、対象に対してはしっかり理解できていますが、外部要因に対しての考慮が足りないことがあるからです。

あるいは、チームでの検討の機会を増やし、多様な視点からの意見を聞く場を設けることで、自分の経験則を絶対視する傾向を和らげることができるでしょう。

「状況が異なれば結果も変わる」という可能性があることを認識してもらい、より柔軟なアプローチを考えられるよう促すことが大切です。

レベルに偏りがある極端な思考スタイル

具体的知識レベル3×抽象化能力レベル1の人は、専門知識が豊富なのにうまく伝えるのが苦手で、周囲から「惜しい！」と思われがちです。専門職に多く見られます。

一方、具体的知識レベル1×抽象化能力レベル3の人は、高い抽象化能力を持っていますが、自分が興味を持てない分野では〝あえて〟知識を深めず、「具体的なことは他の人に任せればいい」と割り切っています。興味を持てる分野においては具体的知識レベル2×抽象化能力レベル3以上の思考スタイルで活躍していることが多いです。

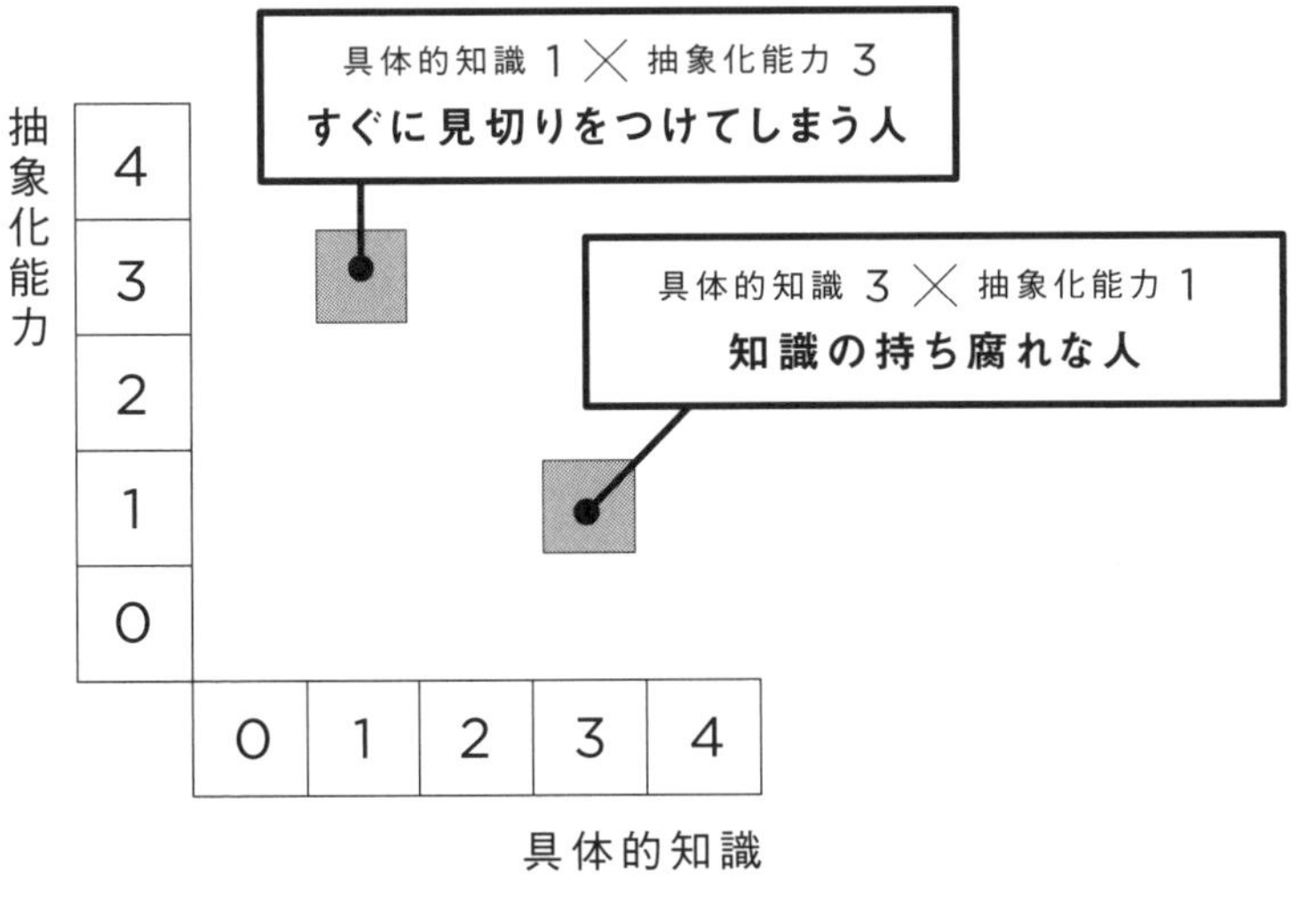

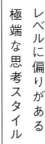

具体的知識レベル3×抽象化能力レベル1

知識の持ち腐れな人

- 具体的な事実や経験を重視し、個別に捉える傾向が強い
- 抽象化、一般化は苦手で、具体例や実例を通じてものごとを理解し、説明する傾向
- 相手に合わせたコミュニケーション方法を取ろうとせず、自分の知っている専門的な詳細情報や自分の経験の詳細を話す傾向

口ぐせ

「具体的に言うと」「私の経験では」「実際にやってみると」
「たとえば、○○のときは」「こういうときはどうすればいいですか？」

受け答えの例

相談者　「新人教育の方針について相談があります。最近の新入社員の離職率が高くて困っているんです」

Oさん　「私の前職で10年以上新人教育を担当していた経験からお話しさせていただきます。具体的には、まず入社1週目は基礎研修を実施します。これは必ずA会議室で行い、1日目は就業規則の説明から始めます。2日目以降は業務マニュアルの読み合わせを行いますが、このとき私は必ず赤ペンでアンダーラインを引かせます。2週目からは実務研修に入りますが、このときは必ず先輩社員と1対1でペアを組ませます。前職では△△さんという優秀な先輩がいて、彼女は新人の指導が上手で、たとえば伝票処理の指導では、必ず3回は一緒にやってから1人でやらせる方法を取っていて……あ、当社での新人教育がどうかって？　そうですね…私の経験が当社に当てはまるかどうかはわかりませんが……ただ、新人教育で大切なことは……（また具体的なエピソードに戻っていく）」

トリセツ：抽象的な表現を避け5W1Hを明確に

具体的知識レベル3ということは、特定のある対象だけではなく、その対象に影響を与えることについても知識を持っている状態と言えます。その対象については専門家として認められているレベルです。ただし、その対象が含まれる系（システム）にまでは視野は広がっていません。

一方で抽象化能力はレベル1と低く、パターン認識が基本的なものに限られ、適用条件の判断も不十分です。そのため、目の前の事象を既知のパターンに当てはめようとしますが、その判断を誤ることが多くなります。抽象化調整力も低く、相手に合わせて抽象化の軸を考えたり、抽象度を変えたりすることはありません。

抽象化能力の低さは学習の効率を下げますが、それにもかかわらず、具体的知識レベル3に達しているということは、かなりの時間をかけ、努力してきた可能性が高いです。具体的知識レベル2×抽象化能力レベル1の人以上に真面目で努力家の人の確率が高いと思われます。

この思考スタイルの人は、第一に、**具体的な事実や過去の経験を重視し、それらを個別の事象として詳細に認識し、記憶する傾向が顕著**です。実際の出来事や体験を通じて得られた知識を大切にし、それらを生々しい形で保持しているため、具体的な状況における判断や対応が得意です。

その反面、複数の事例から共通点を見出し、一般化された法則や理論を導き出すことは苦手としています。「このようなときには、こうすればいい」という形で、状況と解決策を直接結びつけて考える傾向があります。

そのため、**知識を問われる業務においては高い専門性を示し、一目置かれる存在である一方で、その知識を活用できる状況は限定的**です。

せっかくの知識も、自在に活用できなければまさに「持ち腐れ」でしょう。

コミュニケーションにおいては、「いつ」「どこで」「誰が」「何を」という具体的な情報を含めた説明を好みます。抽象的な議論や理論的な対話よりも、実際の体験や具体的な事例に基づいた会話を好む傾向にあります。

そのため、相手の抽象的な質問に対しても、自身の経験や具体的な事例を引用しながら応答することが多いです。話し相手の知識・能力に関わらず専門用語を多用した説明をしてしまい、結果として、伝えたいことが伝わらないことも多々あります。

質問に正しく答えず、周辺情報を延々と話したりするのもこの思考スタイルによく見られます。

よって、**円滑なコミュニケーションのためには、抽象的な表現を用いるのを避けましょう。**

まず、説明や指示を行う際は、できるだけ具体例を交えながら話を進めることが重要です。たとえば、一般的な概念や理論を説明する必要がある場合でも、必ず実例と結びつけて説明することで、より深い理解を促すことができます。

情報を引き出したい場合は、過去の経験や具体的な事例について質問することが有効です。「そういえば、以前似たような状況がありましたか？」といった形で、具体的な経験を引き出すような問いかけを行うことで、より豊富な情報を得ることができます。

新しい取り組みや変更を提案する際には、一般論や抽象的な説明だけでは不十分で、具体的なアクションプランまで落とし込んで示すことが重要です。「いつまでに」「誰が」「何を」「どのように」するのかを明確に示すことで、より確実な理解と実行を促すことができます。

さらに、フィードバックを行う際にも、抽象的な評価ではなく、具体的な行動や成果に基づいて伝えることが効果的です。「もっと頑張りましょう」といった漠然とした表現ではなく、「○○の場面では、△△のような対応が良かったですね」といった具体的な事例に基づくフィードバックを心がけましょう。

総じて、対話の中では「いつ」「どこで」「誰が」「何を」「なぜ」「どのように」という具体的な情報を含めて話すことを心がけましょう。抽象的な質問やあいまいな表現は避け、できるだけ**明確で具体的な文脈を提供することで、より効果的なコミュニケーションが可能**となります。

また、この思考スタイルの人の強みを活かすためには、実践的な経験を積む機会を多く提供することが有効です。座学や理論的な研修よりも、実地での体験や具体的なケーススタディを通じた学習の機会を設けることで、より効果的な成長を促すことができます。

最後に重要なのは、この思考スタイルを「弱み」として捉えるのではなく、具体的な知識や経験に基づく確実な判断ができるという「強み」として活かすという視点です。

抽象化や一般化が必要な場面では、それを補完できる他のメンバーとの協働を促すなど、チームとしての相乗効果を生み出す工夫を行うことが望ましいでしょう。

すぐに見切りをつけてしまう人

- 少ない経験、情報から、持ち前の高い抽象化能力によって法則化しようとする
- インプットとなる情報が不足していることは認識していることが多い
- ある特定の分野のみ「すぐに見切りをつけてしまう人」であり、それ以外は具体的知識レベル2×抽象化能力レベル3「現場もわかる理論家」（後述）以上のはず

口ぐせ

「大枠としては」「一般論として言えば」（と表層的な整理で済ませようとする）
「詳細は別として、構造的には」「細かいことは置いておいて、本質的には」
「詳細は現場の方々で」（と具体的な検討を避ける）
「大きな方向性としては」（と抽象的な示唆で終わらせる）

受け答えの例

相談者「新人教育の方針について相談があります。最近の新入社員の離職率が高くて困っているんです」

Pさん「大きな方向性としては、人材育成の基本的な枠組みで整理できます。要は、知識とスキルの習得プロセスですね。具体的な実施方法については、現場でよくご存じの方々にお任せするのがいいかと思います。私の立場からは、基本的な考え方をお示しするまでとさせていただきます。詳細は別として、全体の構造としては、まずは基礎を教え、そこから応用へと進めていく。そういった一般的な育成の流れで考えればいいのではないでしょうか。実務的な細かい部分は、現場の方々の判断で進めていただければ」

トリセツ：力を発揮できる役割を設定する

抽象化能力レベル3ということは、複数の具体的な事例から、適切な抽象化の軸に従って、パターン認識、概念化をすることができます。適用条件を間違うことも少なくなっています。抽象化調整力も高く、適切な抽象化の軸、抽象度を選ぶことが可能です。

自身も抽象化能力に自信を持っていることが多く、また、周囲もそれを認めています。抽象化能力レベルが2以上あると、学習の効率も高くなりますし、レベル3となるとさらに高い学習効率となります。

にもかかわらず、具体的知識のレベルが1というのは、通常は考えづらい状態です。その分野に足を突っ込んでみたが、興味があまりわかず、知識を増やすのを途中でやめてしまったケースだと考えられます。

つまり、他の興味がある領域では具体的知識レベルが2以上になっている可能性が高いと思われます。

この思考スタイルの人は、**限られた具体例や断片的な知識からすぐに一般化・抽象化を試み、理論的な枠組みを構築しようとする**特徴が見られます。

この能力自体は有用なものですが、具体的な裏付けが不足しているため、**ときとして実態とかけ離れた理論や、現実には適用が難しい枠組みを生み出してしまう**ことがあります。

分野への興味が限定的で具体的知識のレベルが低いまま留まる傾向があり、ときとして表層的な理解や過度に単純化された枠組みに基づく判断を行うことがあります。

こうした思考スタイルの人に対しては、無理に具体的知識の深化を求めるのではなく、その人の関与の度合いや役割を適切に設定することが重要です。たとえば、全体的な枠組みの設計や理論的な整理など、抽象化能力を活かせる部分に特化した役割を与え、具体的な実装は他のメンバーに任せるという形での分業を確立することが有効です。

この思考スタイルの人が提示する理論や枠組みは、**ときとして実務経験者の固定観念を揺さぶり、新しい視点をもたらす可能性**があります。そのため、完全な正確性や実現可能性にこだわりすぎず、建設的な対話のきっかけとして活用することも検討に値します。ただし、提案された枠組みが現実から大きく乖離している場合は、実務経験者からの適切なフィードバックが必要です。

また、強制的ではなく、自発的に興味を促すような働きかけも重要です。興味が限定的な理由が、本人にとっては価値を感じられないからなのであれば、それに気づけるような機会を提供するのも一手でしょう。

ちなみにこの具体的知識レベル1×抽象化能力レベル3の思考スタイルには、「抽象化能力レベル3の人が何かを学び始めた過渡期」というケースもありえます。誰しも初学者のときには、具体的知識のレベルは0だったり、1だったりするわけです。ただ、抽象化能力の高さゆえに効率的な学習ができ、早い段階で具体的知識レベル2×抽象化能力レベル3の思考レベルに移行できるはずです。

そのため、そちらのケースについては本書では割愛いたします。

〝困った人〟にはなりづらいが進化の余地のある思考スタイル

ここからは、具体的知識レベル3×抽象化能力レベル2、具体的知識レベル2×抽象化能力レベル3の思考スタイルです。

この人たちは、決して「困った人」ではありません。組織の中でも優秀だと目されており、実際に〝仕事ができる〟でしょう。

ただし、だからといって「困った人」にならない保証はありません。それぞれの思考スタイルの特徴を知っておくことは重要です。

具体的知識レベル3×抽象化能力レベル

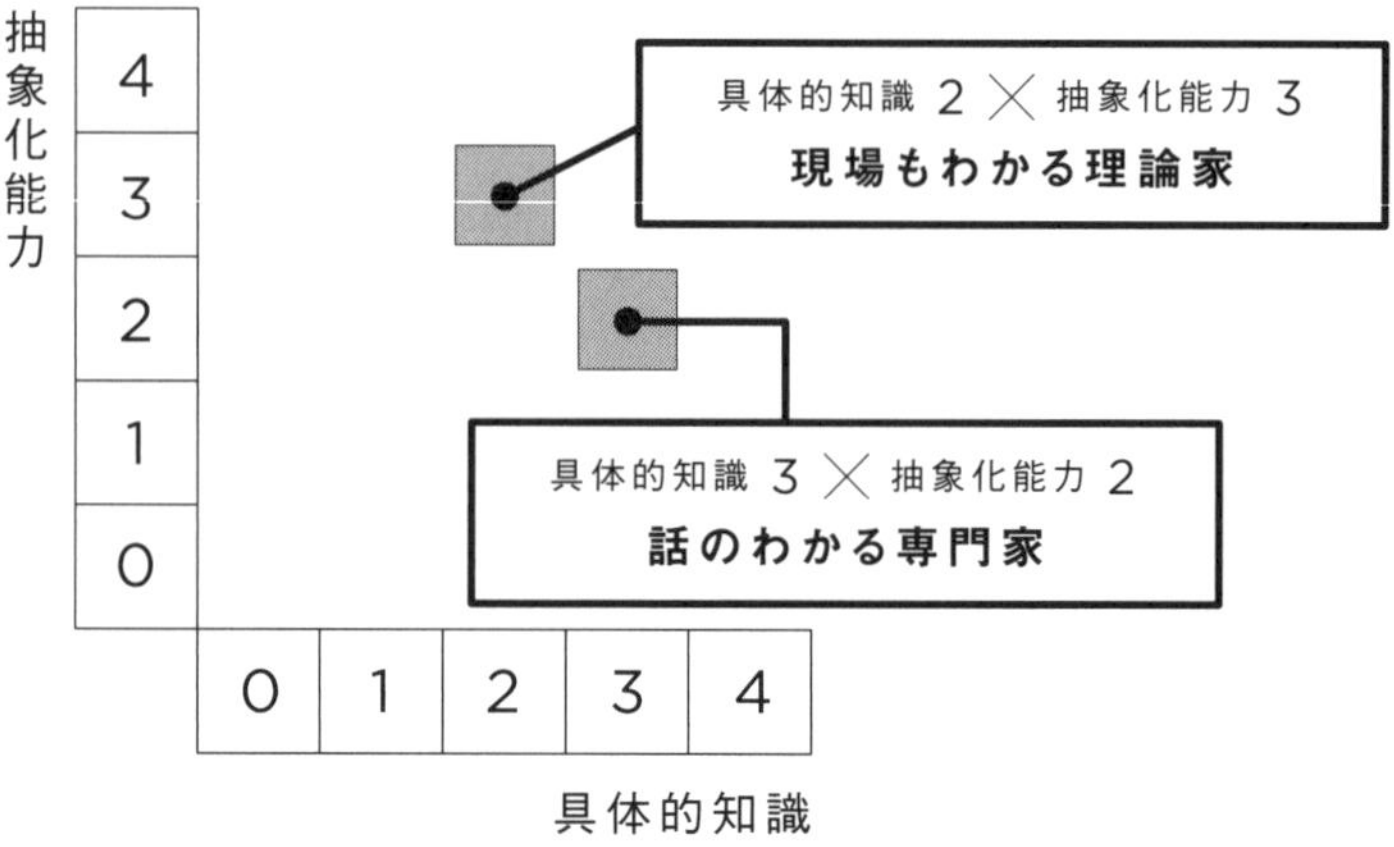

2の思考スタイルは、レベルが低いほうの抽象化能力が弱点となりえます。抽象化能力のレベルが2だと適用判断力が不十分なことがあり、自分が見出したパターンや概念を適用できない条件でも適用しようとしてしまうリスクがあります。

具体的知識レベル2×抽象化能力レベル3の思考スタイルは、レベルが低いほうの具体的知識が弱点となりえます。対象については詳細まで把握できていますが、対象に影響を与える要素までの知識が不足しています。そのため外部要因による変化、影響への対応ができないことがあります。

どちらのスタイルも、レベル3側の力によってレベル2側の不足を補うことができるため、「自分のやり方が正義な人」や「知識の持ち腐れな人」、「すぐに見切りをつけてしまう人」とは大きな差があります。

より高いレベルを見据えれば未完成ではありますが、この先の進化に期待が持てると言えます。

話のわかる専門家

- 自分の経験、広範な知識から独自の理論を作り上げることができる
- 強いて言えば、適用判断力に弱点がある

口ぐせ

「私の経験では……ただし、他のケースでも共通することとして……」
「具体的には……これは一般的に言えることだと思います」
「似たようなケースとして」
「個別の状況は違いますが、基本的な考え方として」
「実例を踏まえたうえで、共通する要素を見ると」

受け答えの例

相談者「新人教育の方針について相談があります。最近の新入社員の離職率が高くて困っているんです」
Qさん「私の部署では、新人にまず簡単な定型業務を任せて、そこから徐々に裁量が必要な業務に移行していく方法を取っています。これは他部署でも応用可能だと思います。ただし、業務の特性に応じて、具体的なステップは調整する必要があります……」

トリセツ：豊富な経験を一般化してもらう

豊富な実務経験や具体的知識を基盤としながら、そこから一定の一般化や法則性を見出すことができます。個別の事例や経験を詳細に把握・記憶しているだけでなく、それらの間にある共通点や相違点を認識し、中程度の抽象度での整理や体系化を行うことも可能です。

実践的な場面での判断や対応も得意であり、過去の経験を現在の状況に適用する際も、表面的な類似性だけでなく、本質的な共通点を見出して応用することができます。また、新しい状況に直面した際も、既存の経験から有用な示唆を引き出し、適切にアレンジして対応することが可能です。

具体的知識レベル2×抽象化能力レベル2の「自分のやり方が正義な人」に比して具体的知識の視野がより広いため、それをインプットに一般化、法則化した結果はより精度が高いのが特徴です。

コミュニケーションにおいては、具体例を豊富に用いながらも、そこから導き出される一般的な原則や考え方にも言及することができます。実務的な観点と理論的な理解のバランスが取れているため、現場レベルの実践知と、ある程度抽象化された知見の両方を共有することができます。

「自分のやり方が正義な人」以上に自信を持って行動することで、周囲に安心感を与え、強いリーダーシップを示します。標準的な手法やフレームワークも使いこなし、多くの場合は大きな成果を出すことができます。

ただし、抽象化能力レベル2というのはまだ中程度なので、自説を強引に推し進めて大きな失敗をしてしまう可能性は残っています。とは言え、「自分のやり方が正義な人」よりは間違いが少ないと考えられます。

このような思考スタイルの人と協働する際には、その実践的な知識と中程度の抽象化能力を両方活かせるような機会を提供することが効果的です。具体的な業務の遂行だけでなく、経験から得られた知見を体系化し、他者に伝えるような役割も任せることで、より大きな価値を生み出すことができます。

たとえば、新規プロジェクトの立ち上げ時には、過去の類似案件の経験を活かしながら、新しい状況に適応させた計画の立案を任せることが有効です。

また、若手の育成やナレッジマネジメントにおいても、具体的な実務指導と、基本的な考え方や原則の説明を組み合わせた指導が期待できます。

この人からフィードバックを得る際は、具体的な事例に基づく指摘と、そこから導き出される一般的な示唆の両方を引き出すように心がけるといいでしょう。

新しい理論や枠組みを導入する際には、その人の具体的な経験と結びつけながら説明することで、より効果的な理解と実践につながります。

この思考スタイルは、**実務と理論をつなぐ架け橋として機能する**可能性が高いため、現場の実践者と理論家の間の対話を促進する役割を担ってもらうことも有効です。ただし、より高度な抽象化や理論構築が必要な場面では、それを得意とする他のメンバーとの協働を促すなど、適切な役割分担を心がけることも重要です。

現場もわかる理論家

- **ある程度の具体的な知識や経験を持ちながらも、それ以上に抽象化・一般化する能力が高い**
- **やや実務経験、具体的知識は限定的ながら、理論的な理解と現実の接点を見出すことができる**

口ぐせ

「この現象は理論的には……実務でも確かに……」「一般的な原則からすると……具体例で言えば……」「経験は限られていますが、構造的に見ると」「いくつかの事例から推測すると」「私の経験だけでなく、一般的に考えると」

受け答えの例

相談者 「新人教育の方針について相談があります。最近の新入社員の離職率が高くて困っているんです」

Rさん 「人材育成の理論では、組織への統合と技能習得を同時に進めていく必要がありますね。私自身、新人指導を数回経験してみて、確かにその重要性を実感しています。たとえば先月担当した新人の場合、最初は基本的な業務の手順を示しながら、その作業が組織全体の中でどういう意味を持つのかを説明することで、より深い理解が得られました。この方法は、他のケースでも応用できそうです。ただ、私の経験は限られていますので、別の部署ではまた違った課題があるかもしれません。理論的には、個人の成長曲線と組織の受容力のバランスを取ることが重要だと考えられますが、実務でどのように実現するかは、より経験豊富な方々の知見も参考にさせていただきたいと思います」

トリセツ：理論的な理解力を実務に活かす

この思考スタイルは、中程度の具体的知識と高い抽象化能力を組み合わせた特徴を持っています。

具体的知識レベルは2なので、特定のある対象自体については様々な知識を持っています。ただし、その対象に外部から影響を与える要素や、その対象が含まれる系（システム）にまでは視野は広がっていません。

一方で、抽象化能力レベルは3まで達しているので、複数の具体的な事例から、適切な抽象化の軸に従って、パターン認識、概念化をすることができます。**個別の事例や知識から一般的な原則・法則を見出すことができ、適用判断も的確**です。

ものごとを理解するときは、理論的な側面が先行する傾向があります。しかし、持ち前の抽象化能力を活かして、限られた実務経験からでも、理論と実践の接点を具体的に示したり、本質的な要素を抽出してより広い文脈での応用可能性を見出したりすることができます。

また、新しい状況に直面した際も、既存の経験と理論的な理解を組み合わせることで、適切な対応策を導き出すことができます。

コミュニケーションにおいては、抽象的な概念を具体例で説明したり、逆に具体的な事例から一般的な原則を導き出したりすることが得意です。

ただし、ときとして理論的な説明が先行し、具体的な実装面での課題への考慮が不足することがあります。

このような思考スタイルの人と協働する際には、その理論的な理解力と限定的ながらも意味のある実務経験を、効果的に組み合わせて活かすことが重要です。たとえば、新規プロジェクトの設計段階では、理論的な枠組みと実務経験の両方を活かした提案を引き出すことができます。

実務経験が豊富なメンバーとのペアリングが効果的で、「話のわかる専門家」の人と同様、理論と実践の橋渡し役として機能することが期待できます。抽象的な概念を具体的な文脈に落とし込む能力があるため、現場の実践者と理論家の間のコミュニケーションを促進する役割も担えます。

ただし、実務面での経験が限定的であることを考慮し、具体的な実装段階では、より経験豊富なメンバーのサポートを受けられる体制を整えることが望ましいでしょう。また、理論的な提案が現実の制約と齟齬をきたす可能性もあるため、現場の実務者からの適切なフィードバックを受けられる機会を設けることも重要です。

成長支援の観点からは、理論的な理解を活かしながら、さらに幅広い実務経験を積める機会を提供することで、より総合的な判断力の向上が期待できます。ただし、その過程では理論と実践の間のギャップに直面する可能性もあるため、適切なサポートと振り返りの機会を設けることが有効でしょう。

高度な思考スタイル～レベルを上げればどんな人にも対応できる

具体的知識と抽象化能力のレベルがどちらも3以上ともなると、今取り組んでいる対象の背景や文脈、さらにそれに直接影響を与える要素まで十分に理解し、必要とあれば周辺情報を活用して応用もできる状態になります。

コミュニケーションの多くの課題は、このレベルで十分に解決が可能です。ほぼすべての〝困った人〟に適切な対応が取れますし、自身が困った人になることもないと言っても過言ではありません。

ですから、具体的知識レベル3×抽象化

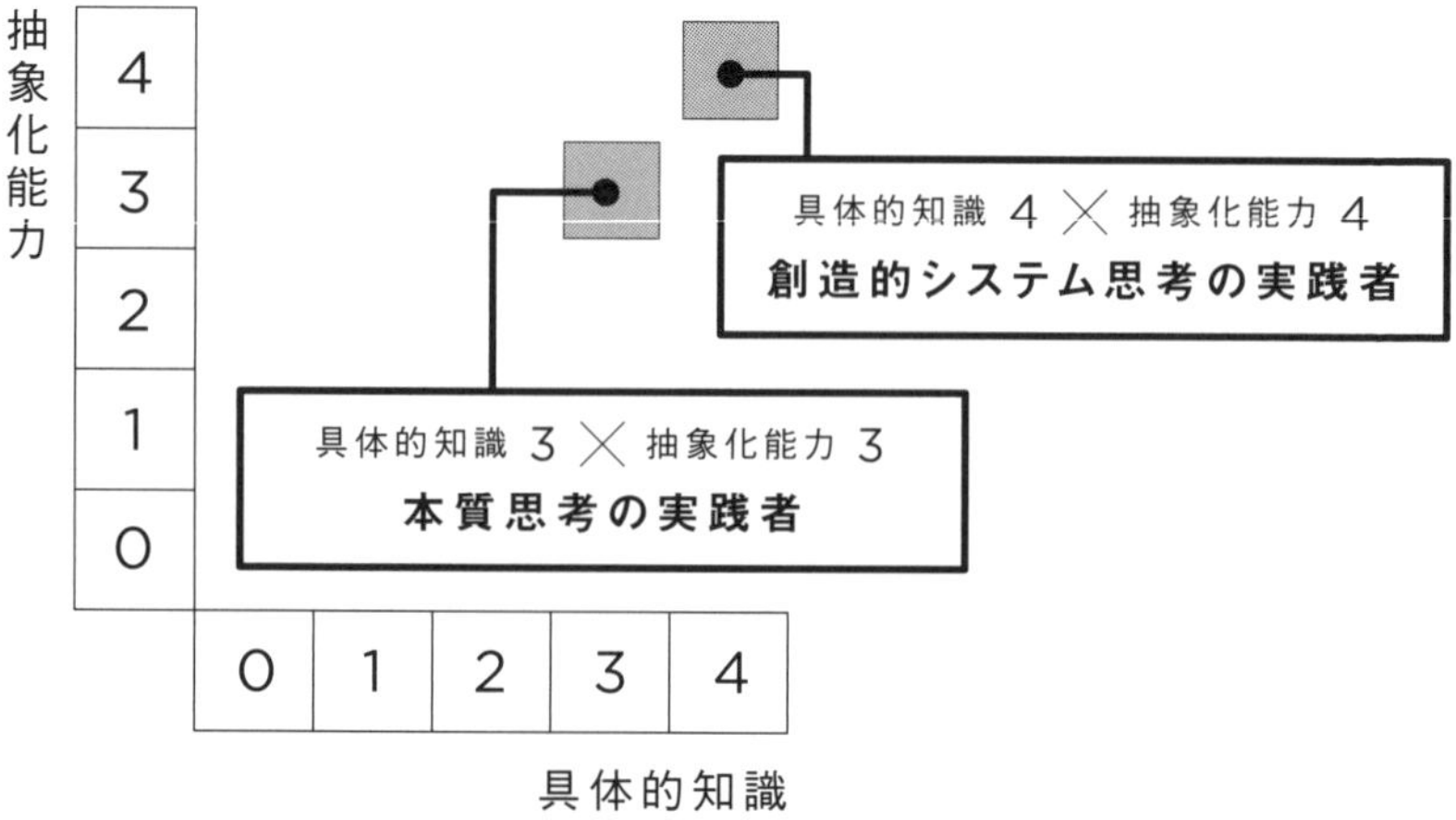

能力レベル3の思考スタイルが多くの人にとっての当面の目標となると言ってもいいでしょう。

そして、具体的知識、抽象化能力のレベル4は、かなり高い水準です。対象そのものだけでなく、その対象が含まれるシステム全体の要素まで正確に把握し、それらの相互作用を踏まえたうえで、新しい理論や枠組みを生み出すレベルが求められます。これは、環境要因や他分野の経験までも柔軟に取り込み、従来にはなかったスケールで活用できるほど高度な思考力を指します。

私の感覚値にすぎませんが、この思考スタイルを持っている人は人口の1%未満ではないかと思います。

ただ本章の最後にも述べますが、思考スタイルには往々にして自己認知と実際のレベルに不一致が起こりがちです。

特徴を知っておくだけでも、その〝悲劇〟を避けられますので、具体的知識レベル4×抽象化能力レベル4についてもぜひご一読いただきたいと思います。

具体的知識レベル3×抽象化能力レベル3

本質思考の実践者

- 豊富な具体的知識と高い抽象化能力を併せ持つ
- 経験を体系化し、広く応用できる
- 理論と実践を効果的に結びつけられる
- 状況に応じて具体と抽象を自在に行き来できる
- 相手の理解度に合わせて説明の抽象度を調整できる
- 長期的な将来予測に対しては精度が低い可能性がある

口ぐせ

「○○という観点から見ると……ただし、実際の現場では……」

「理論的には……具体例で言えば……」「この事例から得られる示唆として」

「状況によって使い分ける必要がありますが」「個別の対応も必要ですが、全体としては」

「これまでの経験則からすると……ただし、前提条件が異なる場合は……」

受け答えの例

相談者　「新人教育の方針について相談があります。最近の新入社員の離職率が高くて困っているんです」

Sさん　「新人教育というのは、個人の成長プロセスと組織の知識移転の仕組みが交差する重要な場面です。私の経験では、個々の新人の特性に応じた段階的な育成アプローチが効果的でした。ただし、それを機能させるには、育成する側の体制づくりと、組織全体での知識共有の仕組みを整える必要があります」

トリセツ：複雑な問題の解決を任せる

高い具体的知識や経験を持ち、高い抽象化能力を備えています。具体的知識レベル3ということは、特定のある対象だけではなく、その対象に影響を与えることについても知識を保有している状態と言えます。その対象については専門家として認められているレベルの知識です。ただし、その対象が含まれる系（システム）にまでは視野は広がっていません。

抽象化能力レベル3ということは、複数の具体的な事例から、適切な抽象化の軸に従って、パターン認識、概念化をすることができます。適用条件を間違うことも少なくなっています。自身が持っている具体的な知識を広く活用することも可能です。

自分の専門分野においては判断を誤ることはほぼなく、安定したパフォーマンスを出し続けることができます。組織内でも信頼できるリーダーとして認められていることでしょう。

具体的知識と抽象化能力の両方がレベル3に至ると、私の提唱する「本質思考」をまさに体現できる存在となりえます。

豊富な実務経験と高い抽象化能力を組み合わせた、高度に統合された特徴を持っています。具体的な事例や経験を詳細に理解・記憶しているだけでなく、それらを理論的に分析し、本質的な要素を抽出して一般化することができます。

さらに、その一般化された知見を新しい状況に適用する際には、個別の文脈や制約条件を考慮しながら、最適な形に調整することができます。実践と理論を自在に往来できる能力を持ち、状況に応じて適切な視点を選択することができます。

現場の具体的な課題に直面した際には、理論的な理解を踏まえながらも実践的な解決策を導き出すことができ、逆に理論的な議論が必要な場面では、実務経験に基づいた具体例を効果的に用いながら、説得力のある提案を行うことができます。

コミュニケーションにおいては、相手の理解度や関心に応じて、抽象度のレベルを適切に調整することができます。実務者に対しては具体例を中心に説明しつつ理論的な示唆を与え、理論家に対しては抽象的な議論を展開しながら実践的な意味合いを示唆するなど、柔軟な対応が可能です。

この思考スタイルの人は、組織にとって重要な存在となりえます。能力を最大限に活かすためには、適切な役割と機会を提供することが重要です。

まず、**複雑な課題や新規性の高い問題の解決を任せる**ことが効果的です。具体と抽象の両面から問題を分析し、実現可能な解決策を導き出すことができます。また、異なる部門間や専門分野間の橋渡し役として活躍することも期待できます。

彼ら彼女らの知見を組織の知的資産として活用するため、**経験や知識を体系化して共有する機会を設ける**ことも重要です。若手の育成や組織の仕組みづくりにも積極的に関与してもらうことで、組織全体の能力向上につながります。

ただし、その能力の高さゆえに、周囲の理解が追いつかないことがあります。そのため、彼ら彼女らの提案や説明を組織内で適切に展開していくためのサポート体制を整えることも必要です。また、能力を最大限に活かせるよう、十分な裁量と必要なリソースを提供することも重要です。

なお、この思考スタイルの人は、さらなる成長の可能性を秘めています。より広い視野と深い洞察を得られるよう、新しい課題や異分野との協働の機会を提供し続けることで、組織にとってさらに価値のある存在となることが期待できます。

創造的システム思考の実践者

- 対象そのものだけでなく、それを含むシステム全体を深く理解し、システム内の構成要素間の関係性も明確に把握できる
- システムレベルでのパターンを見出し、それを新しい理論やモデルとして昇華できる
- ひとつの領域での経験から、まったく異なる領域にも適用可能な本質的な知見を見出せる
- 未来予測や複雑系の問題解決において高い精度を実現できる
- 長期的な問題解決の最適解を見出すことができる
- 具体と抽象を自在に行き来でき、状況に応じて最適な抽象度を即座に判断できる

口ぐせ

「この現象は、より大きなシステムの中で考えると」
「一見無関係に見えるこれらの事象も、システムレベルでは」
「この経験から導かれる普遍的な原理として」
「現在の状況を踏まえた長期的な展望として」
「異なる分野でも応用可能な本質的な要素として」

受け答えの例

相談者「新人教育の方針について相談があります。最近の新入社員の離職率が高くて困っているんです」

Tさん「新人の離職という現象は、組織の人材育成システム全体の問題のひとつの表れと考えられます。現在の社会経済環境の変化と若手人材の価値観の多様化を踏まえると、従来型の一方向的な知識伝達モデルでは限界があります。私たちの組織での経験や他業界の事例を分析すると、効果的な人材育成システムには3つの要素が重要です。個人の学習プロセス、組織の知識移転の仕組み、そして企業文化との整合性です。これらは相互に影響を及ぼし合い、システム全体としての効果を生み出します。たとえば、個々の新人の特性に応じた育成プログラムは、短期的に個人の成長を促進するだけでなく、それを組織の知識管理システムと連携させることで、より大きな効果を生み出せます。この原理は、製品開発やマーケティングなど、他の領域の知識移転にも応用可能です。現在の離職率上昇は、じつは組織の変革の必要性を示す重要なシグナルかもしれません。今後5～10年の環境変化を見据えたうえで、新たな人材育成の枠組みを検討する必要があるでしょう」

トリセツ：活躍の環境と機会を提供する

思考スタイルの究極の形態と言えます。**対象についての深い理解と広範な知識を持つだけでなく、その対象を含むシステム全体までを理解し、システムを構成する要素間の関係性までも明確に理解しています。**

極めて高い具体的知識や経験を持ち、極めて高い抽象化能力を備えています。

具体的知識レベル4ということは、特定のある対象だけではなく、その対象に影響を与えることについても、その対象が含まれるシステムとその構成要素に対しての知識をも保有している状態と言えます。その対象については超一流の専門家として認められているレベルの知識です。

抽象化能力レベル4ということは、**まったく異なる分野の経験からの知見を他に活かすことができ、環境要因まで考慮に入れられるため、適用条件を誤ったりすることもありません。学習能力も非常に高く、ひとつの経験が複数の学びにつながるようになっています。**

システム思考が実践できており、長期的な予測、様々な要因が絡み合っている複雑な問題解決もできます。

このレベルの抽象化能力は、**未来予測や複雑系の問題解決において特に威力を発揮します**。複数の要素が絡み合い、単純な因果関係では説明できないような事象においても、本質的な構造を見抜き、高い精度で将来を予測したり、解決策を提示したりすることができます。

豊富な知識と経験に基づいて、システムレベルでのパターンを見出し、それを新しい理論やモデルとして昇華させる能力も持ち合わせています。ある領域で得られた経験から、一見無関係に見える他の領域にも適用可能な本質的な知見を見出すこともでき、その結果、様々な分野で革新的なアイデアをもたらすことができます。

具体と抽象を自在に行き来でき、状況に応じて最適な抽象度を即座に判断できるのも特徴です。相手や状況によって、具体例を交えた説明と抽象的な概念の説明を使い分けることができ、複雑な事象をわかりやすく説明することにも長けています。

この思考スタイルに到達するためには、具体的知識レベル3×抽象化能力レベル3に到達した後、具体的知識レベルを4にし、それを礎に抽象化能力レベル4になるという過程を経る必要があります。

具体的知識の視野をシステムレベルにまで広げ、それをインプットにして、システムモデル化できるような抽象化能力を磨くわけです。

この思考スタイルの人は、組織や社会に大きな価値をもたらす潜在能力を持っています。しかし、その能力を最大限に活かすためには、適切な環境と機会を提供することが重要です。

まず、システム全体を見渡す必要がある役割を任せることが効果的です。戦略立案や長期的なビジョン策定、あるいは複数の部門や分野にまたがる複雑な課題の解決など、広い視野と深い洞察が必要とされる場面で、その真価を発揮することができます。

また、彼ら彼女らの持つ知見を組織の知的資産として残せるよう、理論化や体系化の機会を提供することも重要です。ただし、その際には、より多くの人が理解できる形で共有できるよう、必要に応じて具体例を用いた補完を促すことが有効です。

往々にして新しい理論やモデルの開発にも強い興味を持っているため、分野横断的なプロジェクトのリーダーシップを任せたり、次世代リーダーの育成や組織の知的基盤の構築に関与してもらったりすることで、その能力を最大限に活かすことができます。

このレベルの思考スタイルを持つ人材は極めて稀少です。そのため、彼ら彼女らの能力を最大限に活かせる環境を整えることは、組織にとって重要な課題となります。特に、彼ら彼女らが見出した知見や開発した理論を、組織全体で共有・活用できる仕組みを構築することが求められます。

思考スタイルの自己認知について

本章の最後に、思考スタイルの「自己認知」について補足しておきます。

思考スタイルの自己認知と実際のレベルに差があると、様々な問題を引き起こす原因となります。特に注意が必要なのは、自己認知が実際より高い場合です。これは単なる自信過剰という問題以上に、具体的な悪影響をもたらす可能性があるのです。

抽象化能力が低いと自身の思考スタイルの自己認知を誤りやすくなります。

抽象化能力レベルが3以上になると自身の思考スタイルを正確に把握できることが多くなるため、自己認知を誤るのは抽象化能力レベルが2以下の場合が多いです。

典型的な例が、具体的知識レベル2×抽象化能力レベル2の人が、自身を具体的知識レベル3以上×抽象化能力レベル3以上と認識しているケースです。

この場合、その人は重要な仕事を任されることも多く、周囲からも一定の評価を得ています。自身も抽象化能力に自信を持っており、標準的な手法やフレームワークを使いこなし、多くの場合は成果を上げることができます。

しかし、**実際にはまだ適用判断力が不十分なのに、それを認識できていないため、自説を強引に推し進めてしまう**ことがあります。周囲も「仕事ができる人」として認めているため、異論を唱えにくい雰囲気が生まれ、その結果として、小さな火種の段階で問題を指摘されることなく、大きな失敗につながってしまうことがあります（「自分のやり方が正義な人」で解説した通りです）。

また、具体的知識レベル1×抽象化能力レベル2の人が、高い抽象化能力を持っていると誤認している場合も要注意です。このタイプの人は、限られた経験や知識から大きな理論を組み立てようとします。一見、理論的で説得力のある提案をしているように見えますが、じつは重要な要素を見落としていたり、実現可能性の検討が不十分であったりすることが多いのです。

特に注意すべきは、周囲から高い評価を受けている場合です。評価されること自体は良いことですが、それによって自己認知が実際より高くなりやすく、また、周囲も忖度してしまいがちです。このような状況では、意識的に謙虚な姿勢を保ち、常に自身の判断や行動を見直す習慣を持つことが重要になります。

反対に、実際の思考スタイルのレベルより低く自己認知している場合は、機会損失という形で問題が表れます。十分な能力があるにもかかわらず、自信が持てないために挑戦を避けてしまったり、より高度な課題に取り組む機会を逃してしまったりすることがあります。

これらの問題を防ぐためには、まず自身の思考スタイルを正確に把握することが重要です。そのためには、具体的な成果物や他者からのフィードバックを重視し、できるだけ客観的な評価を心がける必要があります。また、「確実にできる」レベルと「なんとなくできそう」なレベルを明確に区別することも大切です。

また、思考スタイルは場合によって異なることも認識しておく必要があります。ある分野について具体的知識のレベルが高くても、他の分野についてはそうではないというのは自然なことです。

つまり、分野によって思考スタイルは異なりえるのですが、**ある分野で高いレベル**

にある人が、その自信から別の分野でも同じように振る舞おうとして失敗するケースは少なくありません。新しい分野に取り組む際は、いったん初心に返り、具体的知識の強化から始めることが望ましいでしょう。

結論として、思考スタイルの自己認知と実際のレベルの差は、個人の成長を妨げるだけでなく、組織全体にも悪影響を及ぼす可能性があります。定期的な自己評価と他者からのフィードバック、そして謙虚な姿勢を保つことが、この問題を防ぐための重要なポイントとなります。

思考スタイル向上のために

さて、次章からは、それぞれのレベルを高めていく方法を解説します。より効果的に他者とコミュニケーションをとるためには、具体的知識と抽象化能力の両方を鍛えることが求められます。

これは、一方を優先するのではなく、**それぞれの特徴を活かしながら、状況に応じて両者を使い分ける**ことを目指すという意味です。例えるなら、左右の手を同じように使えることを目指すのではなく、それぞれの手の特性を活かして協力させ、より高度な作業を成し遂げるようなものです。

具体的知識と抽象化能力のどちらも疎《おろそ》かにせず、バランスよく高めていくことで、状況や相手に応じた柔軟な対応が可能になります。この柔軟さこそが、より効果的で実践的な思考を生み出すカギとなるのです。

次章では、具体的知識と抽象化能力を鍛える＝レベルを上げるために必要な考え方や習慣を解説していきます。

第3章

「具体的知識」「抽象化能力」を鍛える

思考の「利き手」

自分にとって「考えやすい」のはどっち？

本書ではここまで、具体的知識と抽象化能力という観点から、個々人の思考スタイルについて解説してきました。そして、具体か抽象かという二項対立ではなく、その両方のレベルを高めていくことの重要性についてもお伝えしてきました。

実際にレベルを高めていくうえでポイントになるのが、じつは**私たちは誰でも「思考の利《き》き手」を持っている**ということです。

何かについて思考するとき、具体的な話のほうが考えやすい人もいれば、抽象的な話のほうが考えやすい人もいます。

これはまさに「利き手」のようなもの。利き手ではないほうの手も使うことはできますし、鍛えることも可能ですが、自然と使うのは利き手です。思考する際にも、自然とこちらを使うという傾向が誰しもあるのです。

そこに、これまで積んだ経験や過ごしてきた環境などによって培われ、鍛えられたものが組み合わさり、その人独自の思考スタイルが生まれてきます。

年齢を重ねた人は、思考の利き手と、思考スタイルが一致していることが多いです(たとえば抽象が利き手の人が、具体的知識レベル2×抽象化能力レベル3の思考スタイルである、というように)。無意識に使う利き手の側が鍛えられ、器用になっていくのは自然なことです。

一方、若い人は成長過程なので、思考の利き手と思考スタイルが一致しないこともあります。その場合は、ストレスを感じ、実力を発揮しきれないこともあります。

就く仕事によっても、「具体」が重視されたり、「抽象」が重視されたりします。すべての仕事で具体的知識と抽象化能力の両方が必要なことは言うまでもありませんが、バランスの違いがあるということです。

そして、右利き・左利きに優劣や正誤がないのと同様、思考の利き手にも、どちらが正しくてどちらが間違っているということはありません。むしろ、自分にとって自然な思考スタイルを理解し、それを活かすことが重要なのです。

右利き・左利きのように、**思考にも得意な方向性があることを理解できると、自分の思考の特徴を認識しやすくなりますし、より効果的な学習や仕事の進め方が見えてきます。**

そこで、簡易ではありますが「思考の利き手診断」を作成してみました。次ページに掲載しますので、ぜひ実践してみてください。

☑思考の利き手診断

以下の質問で、あなたにとってより自然なほう、ラクなほうを選んでください。

Q1 新しい情報を理解するとき

A —— 具体的な事例を通じて理解する
B —— 理論や概念から理解する

Q2 アイデアを人に説明するとき

A —— 具体例を挙げて説明する
B —— 全体の枠組みから説明する

Q3 問題解決するとき

A —— 実際に試しながら解決策を見つける
B —— 問題の原因や背景から考える

Q4 新しい仕事を始めるとき

A —— 実践しながら理解を深める
B —— 理解してから実践する

Q5 指示を受けるとき

A —— 具体的なやり方まで指示してもらう
B —— 目的と背景を説明してもらい、やり方は自分で考える

Q6 新しいスポーツを始めるとき

A —— フォームや型をしっかり反復練習で身につける
B —— なぜそのフォームや型にすべきなのかの説明を先に受ける

Q7 新しい料理を覚えるとき

A —— 手順を一つひとつ覚えて、体で覚えていく
B —— なぜその手順が必要なのかを理解してから作る

判定

AとBどちらが多いかで、
思考の利き手（具体／抽象）がわかります。

A:7　B:0	思考の利き手は極めて具体
A:6　B:1	思考の利き手は具体
A:5　B:2	思考の利き手は具体寄り
A:4　B:3	思考の利き手はどちらとも言えない（やや具体寄りの可能性はある）
A:3　B:4	思考の利き手はどちらとも言えない（やや抽象寄りの可能性はある）
A:2　B:5	思考の利き手は抽象寄り
A:1　B:6	思考の利き手は抽象
A:0　B:7	思考の利き手は極めて抽象

相手に合わせないと〝握手〟はできない

いかがだったでしょうか。

思考の利き手が極端に「具体」に偏っている人は、極めて具体的な事実にこだわり、細部まで詳細に語ろうとします。具体的であればあるほど心地よいのです。極論すれば、この人にとっては、世の中にはまったく同じものはひとつたりともなく、すべて固有のものなのです。

これに加えて抽象化能力が未発達だと、相手が望む話の抽象度に関わらず、ひたすら具体的な話をし続けてしまいます。

一方で、思考の利き手が極端に「抽象」寄りの人は、細かい違いは気にならず、自分の心地のよい分類でまとめようとします。先述したミースケの例で言えば、茶トラのネコ、飼いネコ、ネコ科の動物のような具合です。極論すれば、この人にとっては、世の中のものは必ずどこかに分類されるのです。このタイプで抽象化能力が未発達だと、相手が望む話の抽象度に関わらず、とにかく抽象的な話をしてしまいます。

本来ならば**抽象的な話は、具体的な例についてきちんと理解したうえで、されるべきもの**です。抽象化の礎となるのは、具体的な事象だからです。

その理解がないままされる抽象的な話は、よく言われる「フワフワした話」です。単なる一般論だったり、常識だったりすることを、いかにも自分の持論のように話すのですが、具体的知識が欠けていたり、理解が浅かったりするので、説得力もありませんし、建設的な話にもなりません。

ところが、そんな話にもわかったような顔をして反応する人もいます。この人も「フワフワした話」が好きな人です。こういった人たちが、何かを決めることを目的とした会議に参加していると厄介です。ものごとがなかなか決まらないのです。

具体ばかりとか抽象ばかりというのは極端な例で、多くの人はその間を行ったり来たりしています。

しかし、実際の利き手のように、どちらが心地よいか、考えやすいかは人によって異なります。

そして、ことコミュニケーションにおいては、自分の心地よさ、得意な抽象度ではなく、**会話の文脈、相手の得意な抽象度を鑑みて、適切な抽象化の軸、抽象度をコントロールすることが重要**なのです。

自分の思考スタイルがどういうものであり、相手の思考スタイルがどういうものであるかを意識せずに、自分が心地よいやり方を貫いてしまうと、噛み合わない会話になってしまう可能性は高まります。

握手をしようと、相手が右手を差し出しているのに、自分が左利きだからといって左手を出していては、握手できないのと同様です。

「具体的知識」の高め方

全体を見ているのか、部分を見ているのか

それでは、具体的知識の高め方から解説していきます。

第1章でお伝えした通り、具体的知識は解像度×視野で成り立っています。

まずは、「視野」を広げていきましょう。

具体的知識の初歩段階（レベル0〜1）では、自分が見ているものが、全体なのか、部分なのかを正しく認識できないことがあります。正確に言うと、全体なのか、部分なのかを意識しておらず、見えているものから自動的に判断しているという感じです。

そのような状況で、常に正しい判断ができるわけがありません。


まず、重要なのは、**自分が見ているものは、対象物の全体なのか、部分なのかとい**

うことを意識することです。このステップを入れるだけで大きく変わります。「部分である」という認識であれば、「他にどんな部分があるのか」、となるのが自然です。もっと対象物を観察しようとするでしょう。見ている場所を変えてみたり、ズームアウトしてみたりするはずです。

見えているものが全体だと思い込んでしまうことは危険です。見えていない部分もあるかもしれないと再考することが大切なのです。

実際には目に見えない「問題」に対しても同様です。

問題の一部だけを見ているのに、それを全体だと思い込んでいたら、最適な解決策を取ることは困難です。全体最適のための解決策を考えなければいけないときに、部分最適な解決策しか出せていない理由の多くは、問題の全体像が見えていないことに起因します。

「今、見えているのは本当に問題の全体なのか？」と常に懐疑的な姿勢でいることが大切なのです。

この意識付けは、レベル1からレベル2、レベル2からレベル3のように、具体的知識のレベルを高い水準に上げていく際にも応用できます。

レベル0、レベル1の人は、まずは対象の全体を把握することを目標にしますが、レベル2以上の人は、対象の全体だけではなく、その背景、文脈、そして、その対象を含む系（システム）全体へと視野を広げていくのです。

この場合、「全体」や「部分」の意味合いが変わってきていることに注意してください。具体的知識レベル4の人にとっての「全体」は対象のみを指すのではなく、その対象が属する系（システム）全体を指します。

後述する「背景、前提も含める」はこれに当たります。

視野拡大のための4つのアプローチ

① ズームイン・ズームアウトを使い分ける

「全体か、部分か」ということを意識するようになると、「全体」を見るための工夫をするようになります。これは物理的に見えるものであっても、見えないものであっても同じです。

全体を見るために最もシンプルな方法は、**ズームアウトしてみる**ことです。

今、観察している場所よりも離れた場所、高い場所から、対象を見てみる。物理的に見えないことに対しては、当事者、担当者の視点ではなく、より上の立場の視点から見てみる、考えてみる。

視点をより高く持つと、問題の全貌が見えてくることがあります。現場担当者の視点から、その上司・部長・経営者の視点にしてみたり、問題だと考えているものだけではなく、その問題を含むこと・ものまでを対象にズームアウトしてみたりするのです。

そして、観察した結果を記録します。具体的には、ズームアウトしたことで**新たに見えてきた要素は何で、消えてしまった要素は何かをメモしてみる**のです。

一方で、部分の詳細を観察したいときは、ズームインしてみます。物理的に見えるもののときはより近い距離で、ときには拡大鏡のような道具を使って観察してみます。目に見えないものの場合は対象について詳細に調べていきます。その道の専門家の意見を聞いてみることもいいでしょう。

また、ズームイン、ズームアウトすることによって**要素間のつながりの見え方も変化**してきます。近くで見ると、対象の構成要素（部品）間の接続の仕方や働きが見えます。少し離れると、部品の集合体（ユニット）としてどういう機能があり、ユニット間で相互にどう作用しているのかが見えてきます。さらに離れると、対象自体がトータルでどのような機能を持ち、どのように動くのかが見えてきます。

さらに、その結果、観察者自身にとっても、重要度や意味合いが変化することがあります。これも記録します。

普通に見ていると重大な問題に思えていたものが、ズームアウトしてみると些細な問題だとわかることがあります。逆に、ズームインしているときには気に留めていなかった要素が、ズームアウトしてみると重要な意味を持つとわかることもあります。

また、ズームインしている状態で明らかだと思っていた因果関係が、ズームアウトしてみると、じつは別の要因が介在していたとわかることもあります。

ズームアウトしてみた後に、再びズームインしてみることも重要です。全体を見た後に見る詳細な情報は、それまでとは異なった意味を持つことがあります。

ズームイン・ズームアウトを、意図を持って使い分けることは大切ですし、見えてくるものの変化を記録することには多くの学びがあります。

② 立ち位置を変える

距離を変えるのと同様に、**立ち位置を変えて見てみる、考えてみる**ことからも大きな示唆を得られます。立ち位置を変えるとは、つまり、**視点を変える**ということです。ある一面からの観察だけでは、対象の全体を把握するのが難しいことは明白です。真上から見るのか、それとも横から見るのか、下から見るのか、ということもあれば、見る側の立場を変えるという意味もあります。エンジニア、営業、顧客、競合の経営者、規制当局……どの視点で見るのかによって、捉え方も大きく変わってきます。

毎年、私の講義の冒頭で学生に伝えることがあります。それは「意見の違いから学ぶ姿勢」についてです。

SDM研究科の学生のプロフィールは様々です。大学を卒業して大学院に入学してきた20代前半の若者から、社会人歴50年の超ベテランまでいらっしゃいます。職種も様々です。そんな多様性に満ちた環境だからこそ、立ち位置の違いによる見解の相違はよく生まれます。

自分の意見と明らかに違った意見に出会ったとき、否定的に反応したり、不愉快に感じたり、ときには拒否反応を示す人もいますが、それはとてももったいないことです。明らかに違う意見の多くは、自分とはまったく違う視点から生まれているからです。

それは言わば、**普通に暮らしていてはなかなか得られない視点を得るチャンス**だということ。

なぜ、そういった意見が出てきたのか、自分の立場、価値観と何が違うのかを考えることによって、それまでなかった視点で考えることができるようになるのです。

自分に欠けていた視点を得るチャンスなのですから、異なる意見、特に違和感のあるような意見と出会ったときには、積極的に**「なぜ、こんなに自分と異なる意見が出たのだろうか？」**を考えてみてください。

きっと新たな視点が得られると思います。

③ 時間軸を変える

現在の状況は過去からの連続的な変化の結果です。そして、現在の行動は将来に影響を及ぼします。また、同じ事象であっても、それが起こるタイミングによって意味合いが大きく変わってきます。

時間軸を意識して、観察してみることも大切です。

観察自体は、今、行っているものです。そこで得られた示唆を「3年前だったらどのように感じられるだろうか？」「3年前だったらどのような影響を及ぼしただろうか？」とか「3年後だったらこれはどのように受け取られるだろうか？」などと考えてみるのです。

私はSFが大好きで、特にSFショートショートの偉人である星新一先生の作品に深い愛着を持っています。中学生の頃は、その読みやすさとストーリー展開の面白さに惹かれ、むさぼるように読んでいました。最近、数十年ぶりに作品に触れる機会があったのですが、当時の数倍もの衝撃を感じました。未来を予見しているような作品が山程あるのです。

星先生は大正の終わりの生まれで、多くの作品が1950年代から70年代に書かれています。1950年代というのは、コンピュータの黎明期。人工知能という言葉こそあったかもしれませんが、現在のような使われ方をするなんて想像すらされなかった時代のはずです。

ところが、星先生はそれを示唆するような作品を数多く残しています。また、インターネットの普及やユビキタス社会の到来を示唆するような話もあります。

それらの技術が実現されている今だからこそ、数十年前にすでに小説にしている星先生の凄さをより強烈に感じたのです。これも時間的な視野拡大のひとつの例と言えます。

④ 背景、前提も含める

同じ対象であっても、その背景によってまったく異なるメッセージになることがあります。

今から6600万年前の白亜紀まで栄えていた恐竜。その中でも最も有名な巨大肉食恐竜であるT－REX（ティラノサウルス）のリアルな画像が白亜紀の風景を背景に描かれていたら、恐竜図鑑の1ページだと思うでしょう。

しかし、現代の東京の風景を背景に描かれていたらどうでしょう？　おそらく、多

視野拡大のための4つのアプローチ

ズームイン・ズームアウトを使い分ける	同じ立ち位置からでも、ズームイン・ズームアウトを使い分けて見てみる、考えてみる。ズームインしないとわからないこともあれば、ズームアウトしないとわからないものもある
立ち位置を変える	自分、パートナー、ライバル、顧客、協力会社、敵、前任者など様々な立ち位置から見てみる、考えてみる
時間軸を変える	時間軸を現在だけではなく、過去・未来にして考えてみる
背景、前提も含める	対象だけではなく、その時代背景、社会背景、技術的な前提なども含めて見てみる、考えてみる

くの人がパニック映画や、人を驚かせるためのフェイクニュースだと思うでしょう。まったく同じT－REXの画像であっても、まったく異なるメッセージになるわけです。

対象だけではなく、その時代背景、社会背景、技術的な前提なども含めて見てみる、考えてみることは重要です。

仮にまったく同じ対象であっても、時代背景、社会背景、技術的な前提などが異なることで、異なる意味合いを持つことがあるのです。

具体的知識の初歩を卒業するのがレベル2で、対象の全体をしっかり把握できるレベルです。解像度の点でも視野の点でも問題ありません。

レベル2からレベル3に上がるためには、この「背景、前提も含める」ことが条件になります。対象に対して、直接影響を与えうる要素、背景、前提まで視野を広げることが求められるのです。

解像度を上げる「観察」の技術

具体的知識のレベルを上げるためには、視野を広げることと解像度を上げることとの両方が必要となります。

せっかく視野が広がっても、解像度が不十分だと、その対象についての深い知識を得ることはできませんし、解像度が十分であっても、視野が狭く、全体像が見えていなければ、正しい把握をすることはできません。

「視野を広げる」のとは異なる軸としての「解像度を上げる」とはどういうことでしょうか？

「解像度を上げる」とは、ひとことで言えば、**「同じ対象をより詳細に捉える」**ことです。これ自体が理解を深めることではありませんが、**理解を深めるためには、対象を高い解像度で見ることが不可欠**です。

そのためには、適切で綿密な「観察」が欠かせないのですが、注意点もあります。

人は、自身の過去の経験を過度に一般化したり、自分の都合の良い情報だけをピックアップしたり、反証を無視、または軽視したりしてしまいがちです。結果として、観察をしたつもりでも重要なことを見落としてしまうことがあります。これらは行動経済学では認知バイアスと呼ばれ、私は「脳のクセ」と呼んでいます。

この脳のクセによる弊害を防ぐために、私は**対象の観察に先行して多角的な情報収集を行う**ことを推奨しています。

複数の情報源からの情報や反証を積極的に探索したり、異なる立場からの視点で考えるなど、多面的な検証をすることで、無意識に自分に都合の良い情報だけを集めてしまったり、自分が興味を持つ分野だけを詳細に観察してしまったりすることを避けられます。

ちなみに、「視野の拡大」での「異なる立場からの視点」は、**立場の違いによる視野の広さの違い**を強調していましたが、「解像度を上げる」では、**立場の違いによる意味の違い、見え方の違い**を強調しています。複数の立場から見ることによって、対象の持つ、様々な特徴を捉えることができます。
情報収集で重要なのは「多角的な」という点です。多角的な情報に触れることで、自分が持っているバイアスを排除することができ、自ずと適切な観察のポイントを定めることができるのです。

補足すると、情報収集と観察の順序は常に固定されているわけではありません。**先行して多角的な情報収集を行い、ポイントを定めたうえで観察をするのが向いている対象**と、**先に観察をしてから、その後、情報収集を行い、再度、観察をするのが向いている対象**があります。

芸術作品（絵画、文学、音楽、舞台、映画など）や嗜好品（食物、飲料など）は、個人の感性や体験すること自体が重要となります。また、先入観があることによって体験が制限されかねません。

こういったものは、まずは先入観を持たずに観察し、自分自身がどう感じたかを記録することが重要になります。その後、関連する情報を収集し、再度、観察することで、見落としていた点を発見できたり、自分とは異なる解釈を知ることで理解を深めたりすることができます。

一方、業務プロセスや技術、市場動向、組織の課題などに対応するためには専門知識が必要になることが多いです。また、個人がどう感じているかよりも、客観的に何が起こっているかのほうが重要です。さらに、効率性が求められるものが多いのも特徴です。

以下はそういったものを対象にしたときに、解像度を上げるためのアプローチとなります。

「対」からアプローチする

多角的な情報収集の基本は、対《つい》となる情報がある場合は、それぞれの違いを意識しながら、その両方にアプローチすることです。

たとえば、**定量的情報と定性的情報、一次情報と二次情報、公式情報と非公式情報、主観的情報と客観的情報、専門家の見解と素人の見解、関係者からの情報と門外漢からの情報**などです。

定量的情報とは数値化できる情報で、定性的情報は数値では表すのが難しい質的な特徴や詳細な情報です。

一次情報は、自分が直接観察したり、アンケートやインタビューなどを実施したりして集めた生《なま》の情報、二次情報は一次情報を基に誰かが再編集（切り取りも含む）、加工、解釈した情報です。※ネット上の情報やメディアの情報は二次情報ということになります。

公式情報は、正式な手続きを経て、信頼性の高い組織や機関、個人から正式な記録として発表された情報、非公式情報は正式な手続きや発表を経ていない、個人的な意見や内部の見解などの情報を指します。

一見すると、専門家の見解に対しての素人の見解や、関係者からの情報に対しての門外漢からの情報は無意味ではないかと思えます。

ですが、専門家ならではのバイアスも存在します。専門家であればあるほど、その領域の常識を当たり前と見なしがちです。しかし、その領域の常識が、世の中の常識と同じとは限りません。**専門家だからこそ、見落とす情報もある**のです。どんな専門家であっても、思い込みによる判断はありえるのです。

多角的な情報収集を行うとは、自分にとって不愉快な情報、自説を否定するような情報も集めるということです。人の行動は感情に左右されがちです。自分にとって不愉快な情報を意識して集めるのは心地よいことではありません。無意識にそれを拒否したりすることもありえます。

しかし、多角的な情報を集めることによって、自然と反証になる情報にも触れることができます。

また、多角的な情報を集める中で、同じような事象であっても状況によって結果が異なることに気づくことも多いでしょう。自説が「いつでも通用する」という思い込みを防ぐことができます。

そして、得られた情報を基に、観察のポイントを定めていくのです。

※生の情報であれば自分以外の人が実施したアンケートやインタビューでも一次情報と言えますが、それが一切加工されていないかどうかの保証は難しいため、ここでは「自分が」としています。

「観察」の3つの基本

多角的な情報収集によって、自分では気づけなかった観察のポイントを定めることができます。そのポイントに従って観察を行うわけですが、どんな対象であっても、**「状態」「変化」「つながり」に着目する**ことが有効です。

①「状態」の観察と記録〜「今、どうなっているか？」

形、大きさ、色、数など**目に見える特徴、読み取れる特徴にまず着目**します。

視野に入っているものについては、中心だけではなく、周縁部・目立たないものに対しても目を向ける姿勢が必要です。

②「変化」の観察と記録〜「どう変わっているか？」

あるタイミングに観察してから、時間が経過し、**状態がどのように変化したのかに着目**します。

増えたのか、減ったのか、その変化のスピードは速いのか遅いのか、変化の規則性はあるのか、変化するきっかけとなるものはあるのか、どんな順序で変化していくのか、などに着目するのです。

③「つながり」の観察と記録～「何と関係あるか？」

「状態」の観察の際、視野に入っている構成要素に目を向ける旨はお話ししました。今度は、その**構成要素間の「つながり」に着目**します。何と何が関係しているのか、何が原因でどんな結果になっているのか、何に影響を及ぼしているのか、誰が関係しているのか、どんな条件なのか、などに着目してみるのです。

この「つながり」を見たり、把握したりするためには、一定レベル以上の抽象化能力も必要になります。しかし、抽象化能力を高めるためには、具体的知識が必要です。具体的知識と抽象化能力は相互補完関係にあるのです。

自分が〝覚えにくい〟情報を意識する

観察しながら、見たもの、読み取れたものについては、**可視化できる形で記録する**ことを強くオススメします。観察が終わった後にメモを取るのではなく、**観察をしな**

がらメモを取るのです。

私たちは、観察が終わった直後からどんどんその内容を忘れていきます。若く記憶力に秀でている人ですら、観察したすべてを記憶することはできません。正確には、脳のどこかには残っているのですが、それを引き出すことが難しくなるのです。メモは記憶を引き出すためのインデックスのような役目を果たします。

人によって効果的なメモの取り方は異なります。**自分の記憶のクセを知り、苦手なことを意識してメモを取る**ほうが効果的です。

たとえば、私は文字や数字を記憶することは比較的得意なのですが、視覚に関する情報を記憶することが苦手です。

知人が自宅に遊びに来るとします。最寄りの駅から自宅までの経路を説明する際、私の脳裏に浮かぶのは、駅から自宅までの道のり、距離、方角、経由する信号と目立つ場所の名称です。建物の形や色の情報が少ないのです。一方で、もっと建物の形や色、景色が先に脳裏に浮かぶ人もいます。

つまり、私の場合は観察しながら、意識して視覚情報のメモを取ることが効果的だということです。

自分に合ったメモの取り方を知ることは大切です。

また、メモを取る際は、特徴や性質を数値化・定量化したものと、自分がどう感じたかを分けて記述することをオススメします。何か疑問があれば、それも記述します。違和感だけでもいいです。自分なりの解釈がある場合も、その根拠とともに記述します。

日頃から**事実と解釈（意見）を切り分ける**習慣は、現在の状態の観察と記録以外にもポジティブに働きます。

記録を基に構造を「分析」する

記録に基づいて、分析を行います。分析には3つのステップがあります。ただし、2ステップめ以降は一定レベル以上の抽象化能力が求められます。

① 要素の特定

詳細な観察と記録から得られた情報から、まず、**個々の構成要素を把握**します。

視野に特定の対象しか入っていない場合でも、その対象がどういう要素に分解できるかを考えます。

たとえば、視野に対象である飼いネコの「ミースケ」だけが入っているとします。それを「茶トラのネコ」と捉えるだけでは不十分です。どんな顔をしており、どんな前足、後ろ足をしており、どんな毛並みをしており、どんな尻尾をしているのかと要素ごとに見てみるのです。

ここで識別された構成要素にそれぞれどのような特徴や性質があり、何のために存在し、どのように機能するか、そして、その重要性は何かを分析します。

同じ対象であってもテーマによってはその重要性が変わってくることは言うまでもありません。

ミースケで言えば、その特徴は全体としての大きさ、体型（かなりの肥満体でお腹の毛が地面につきそう）、フサフサでツヤツヤの毛並み、そして、尻尾が曲がっているというものです。

この分析がきちんとできれば、単なる「茶トラのネコ」の解像度が上がり、「ミースケ」だと特定できます。

解像度向上のための3つのアプローチ

多角的な情報収集	観察に先行して多角的な情報収集を行い、観察と記録のポイントを定める。ただし、先に詳細な観察と記録を行った後に、多角的な情報収集を行い、再度、観察と記録を行う方が良いものもある(芸術作品、嗜好品など)。
詳細な観察と記録	「状態」の観察と記録～「今、どうなっているか?」
	「変化」の観察と記録～「どう変わっているか?」
	「つながり」の観察と記録～「何と関係あるか?」
構造を分析	要素の特定:個々の構成要素を把握。特徴、性質を詳細に分析
	関係性の分析:構成要素同士の関係、つながりを把握する
	システムの分析:構成要素を含む全体(システム)を把握する

②関係性の分析

視野に複数の構成要素があるとき、**要素間のつながりや影響**を分析します。中心となる対象に直接影響を与えている要素が何で、間接的に影響を与えている要素が何で、どんな特徴、性質を持っているかを識別し、分析します。

それらは対象に影響を与えているだけではなく、対象から影響を与えられている可能性もあります。循環的に影響を与えているものもあるでしょう。

前述したように、これらの関係性の分析を行うためには、一定レベルの抽象化能力が必要となります。逆に言えば、抽象化能力が足りていない場合は、せっかく構成要素を洗い出せても、それらの間のつながりを正しく把握することができないのです。

③ システムの分析

システムの分析とは、**要素の集まりだけではなく、それらがどのように関係し、影響し合い、全体として機能しているか**を分析することです。

関係性の分析が正しくできたうえで、さらに一歩進み、複数の相互に影響を与え合うループが絡み合った結果、全体としてどのように変化していくかを考える必要があります。

そして、**どこに働きかければ、望む変化が得られるかが判断できるようになること**が、システムの分析の重要な一面と言えます。

このレベルの分析をするためには、視野の拡大が十分にできており、その中の構成要素間のつながりも把握できていることが前提となります。関係性の分析が可能となるレベルよりも、さらに高いレベルの抽象化能力も必要となります。

解像度向上の実践：うちの子はいじめに遭っている？

小学生の男の子がいる親の視点を例に考えてみましょう。

その子はおとなしい性格で、自分の意見をはっきり言うことが滅多にありません。最近、学校からの帰りが遅くなってきており、しばしば手足に小さな傷を作ってくることに気づきました。

「ひょっとしたら、学校でいじめにでも遭っているのではないか」と、親は心配になります。場合によっては、学校に行って様子を見たり、先生に相談したり、子どもの行動を制限したりするかもしれません。

これは対象としての子どもの「状態」と「変化」を観察した際、「帰宅が遅くなっている」「手足に小さな傷」という事実から、「いじめに遭っている」という推測をした結果の行動です。

しかし、子どもの「状態」と「変化」をつぶさに観察すると、違う事実が見えてきます。

最近、その子は前よりも元気で活発になっていることがわかりました。

これまでは、受け答えもはっきりしないものが多かったのですが、最近は意思をはっきり表すことが多くなりました。明らかに声も大きくなっています。遅い時間までゲームをしていたのに、最近は、ゲームはあまりやらなくなり、早く寝床に就くようになっています。

家での会話の中にも、これまで出ることがなかった友達の名前や上級生の名前が出てくるようになっています。どうやら、子どもの活動している環境での人間関係も変わってきているようです。

ママ友にそれとなく話を聞いてみると、じつは、友達に誘われて地域のスポーツクラブの体験をしてから、サッカーに興味を持ち始め、非公式ながら練習に参加させてもらうようになっていたようです。手足の小さな傷は、慣れていないために転んだり、ぶつかったりしたことによるもの。

情報収集したうえで、再度、分析してみると、本人はとても楽しんでいるようですし、言動にもポジティブに影響しているようです。また、スポーツクラブの練習の中で、これまで接していなかった「先輩」との交流も経験している様子です。

親としては、「子どもの健全な成長」という目的を満たすことは非常に重要です。そのためには、目に見える子どもの状態だけを観察するのではなく、子どもの言動、子どもに影響を与えている人、環境も含めて観察する必要があります。

そして、全体として良い方向に進んでいるのかどうかを見定める必要があります。まさに「子どもの健全な成長」を満たすためのシステムがどのように機能しているかを分析する必要があるのです。

今回のケースでは、地域のスポーツクラブに参加することは、手足にかすり傷を作る原因になっているものの、その子の言動にも良い影響を与えているようですし、何より本人がスポーツを楽しみ、友達や先輩とも良い関係を築けているのですから、神経質になる必要はなかったのでした。むしろ、その子がスポーツをより楽しめるように後押しするのが良いように思えます。

解像度を上げるためのアプローチをまとめます。

多角的な情報収集で観察のポイントを定め、詳細な観察を心がけます。その際には、**「状態」「変化」「つながり」**に注目します。

自分の記憶のクセを知り、観察の中では、自分の苦手な領域を中心にメモを取ることをオススメします。その記録に基づき、分析を行います。

構成要素を把握し、その特徴、性質を分析します。そして、**構成要素同士の関係、つながりを把握**。さらには**構成要素を含む全体（システム）を把握**していきます。

構成要素同士の関係性やシステムについて分析を行うためには、それ相応の抽象化能力が必要になります。

次節では、抽象化能力の上げ方を見ていきましょう。

COLUMN

生成AI時代の「具体的知識」

私たちは、かつてないほど容易に知識を得られる時代に生きています。検索エンジンを使えば瞬時に大量の情報が得られ、生成AIに質問すれば詳細な解説も提供されます。しかし、この利便性は新たな課題も生み出しています。

昔に比べて「具体的知識」を得ることは確かに容易になりました。しかし、その知識をどこまでの範囲で取得するか、つまり**「視野」の決定は、依然として私たち自身の責任**です。

ある製品について調べる場合を考えてみましょう。最も基本的なレベルでは、製品自体の特徴や機能を知ることができます。そして、製品が実際にどのように使用されているのか、その背景や文脈まで視野を広げることで、より深い知見が得られます。さらに視野を広げれば、その製品を含むシステム全体、そしてより広い社会的・環境的影響まで認識することができます。

生成ＡＩは質問された範囲でしか回答しません。より深い把握のために視野を広げる判断は、私たち人間がしなければならないのです。

ある事象についての「解像度」も、私たち自身が決定する必要があります。なぜそうなるのか、その**理由やメカニズム**を把握すること。どのような**例外**があり、どのような**条件**下で成立するのか。**他にどのような選択肢**がありえるのか。

これらの観点を持って質問を重ねることで、より深い理解が得られます。表面的な知識で満足するか、本質的な理解を目指すかは、私たち人間次第です。

また、生成ＡＩやインターネット上の情報は、必ずしも正確とは限りません。**ニュースソースの信頼性・情報の最新性の確認、必要に応じた複数の情報源での検証の必要**があります。

特に生成ＡＩについては、ハルシネーション（事実と異なる情報の生成）の可能性や、データの学習期間による制約、さらにはバイアスが存在する可能性についても押さえておく必要があります。

また、断片的な情報だけを見ると、誤った理解に導かれる危険性があります。背景情報の重要性を認識し、時代や地域による解釈の違いにも注意を払う必要があります。

より高度な「具体的知識」のために

具体的知識をさらに高度なものにするためには、情報の質を見極める批判的な視点が欠かせません。現代では膨大な情報が瞬時に手に入りますが、その中には誤った情報や偏った見解も含まれています。

このため、得られた情報をそのまま受け入れるのではなく、**「この情報は本当に正しいのか」「どのような意図や背景があるのか」を常に問い直す姿勢が重要**です。

また、ほんの少しでも生成ＡＩのアウトプットに違和感があれば、その出典、ニュースソース、どういう意図でその表現になったのか、その論理に飛躍はないか、などを確認する必要があります。

たとえば、ある業界の動向を調べる際、単一のニュースソースだけで判断するのではなく、複数の情報源を比較検討し、矛盾点や欠けている視点を探ることが必要です。

また、情報の出所やその信頼性、時代背景や文化的バイアスなども批判的に分析することで、より客観的で質の高い具体的知識を得ることができます。

ここで言う批判的思考は、情報そのものを評価するための視点であり、情報をどう活用するかという「思考のプロセス」とは異なります。このプロセスを通じて、真に信頼できる知識を積み上げることが、より高度な具体的知識を構築する基盤となります。

生成ＡＩ時代の「具体的知識」は、より高度な情報リテラシーと主体的な学習姿勢を、私たちに求めています。利便性が高まったぶん、私たちの責任も大きくなっているのです。

技術の恩恵を活かしながらも、自ら考え、判断する力を磨き続けることが不可欠となっています。

「抽象化能力」の高め方

人間の〝学習〟の礎となる「パターン認識力」

第1章で、抽象化能力には「3つの力」があるとお伝えしました。おさらいすると、パターン認識力、適用判断力、抽象化調整力です。

抽象化能力を高めるためには、このうち、パターン認識力の向上から始めるのが効果的です。収集した複数の具体的な事例を比較検討し、共通点と相違点を明確化します。その過程で、表面的な類似性と本質的な共通点を区別する力を養います。また、意図的に反例を探すことで、より正確なパターン認識が可能になります。

パターン認識力はいわば、人間の「学習」の礎となるものです。**ひとつの経験から得られた知見を、他の経験に活かす**ために必須の能力であり、仕事をするためにも、生きていくためにも必要な能力です。

現実問題として、この能力がまったくない大人はほとんどいないでしょう。

一方で、幼い子どものパターン認識力は総じて低いです。パターン認識力は複数の事例がないと培われませんし、活用もできません。幼い子どもは、まだパターン認識力を培うのに必要な数の事例を得られていないので、ある意味、当然です。

パターン認識の際には、着目した軸＝抽象化の軸以外の詳細には目をつむり、共通点を見出す必要があります。抽象化の軸がしっかりしていないと、詳細な差異が気になってしまいパターン認識が困難になります。

パターン認識力が低い人は、同じような失敗を繰り返し、根本原因を探ろうとしないため、対症療法的な対応に終始することが多くなります。その結果、時間とエネルギーが無駄になってしまいます。

一定程度のパターン認識力があればそれを防ぐことができますし、一度の経験から得られる学びを最大化できるわけですから、効率的に学習、成長ができると言えるでしょう。

また、より良い意思決定のためにもパターン認識力は必要です。

複数の例から本質的な共通点を見出す力は、表面的な現象に惑わされずに、根本原因を特定したり、優先順位を適切に判断したりするのに寄与します。

過去のパターンから将来の展開を予測することも可能になりますし、リスクの早期発見にもつながります。

既存のパターンの新しい組み合わせができたり、異分野の知見を活用できたりするレベルまでパターン認識力が上がると、創造的な問題解決、イノベーションの創出にもつながります。

さらに、**相手の行動や思考のパターンを理解することで、より適切な対応が可能になります。**コミュニケーションの改善につながったり、チームワークの向上につながったりするのです。つまり、人間関係の質を向上させられると言えるでしょう。

活躍し続けるベテランが持つ力

人間の記憶力は若いうちにピークを迎え、その後は衰える一方です。個人差が大きく、年を重ねてもほとんど衰えない人がいるのも事実ですが、若い頃よりも記憶力が上がっているという人は稀だと思います。

しかし、パターン認識力は経験を重ねていく中で培われる能力のため、記憶力と比べるとそのピークはずっと遅れてくるように思います。

私自身もパターン認識力はまだまだ伸びている最中だと実感できますし、現役で活躍されている先輩たちの多くは、パターン認識力が総じて高いように感じます。

シニア世代が社会に提供できる価値ある能力のひとつと言えるのではないかと思います。

パターン認識を妨げる「3つのワナ」と「回避法」

パターン認識力を向上させるのは間違いなく大切なことなのですが、その際に注意すべき「ワナ」もあります。

①表面的な類似性だけで判断してしまうワナ

今、咳が続いているとします。これに対して、「先日、風邪をひいて咳が出たから、今回も風邪だろう」と、〝風邪に対する対処〟をしてしまうのがこのワナです。

咳というのは「症状」にすぎず、その原因は様々です。肺がんや結核などの風邪以外の病気の症状としても起こりえますし、アレルギーの可能性もあります。症状が類似していても、その根本原因が同じとは限らないのです。根本原因を知らずに正しい対処はできません。

まず、**目に見えていること＝現象、症状と、その根本原因は別物だと考える**ことが大切です。

ちなみに咳止め薬を服用するのは、典型的な対症療法です。対症療法自体が間違っているわけではありませんが、薬の効果が切れたら、また咳が出ることになりますので、恒久的な対策ではないことは明らかです。

② 自分の経験則だけで判断するワナ

経験は貴重なものです。数少ない一次情報です。そこで得られた知見は重要です。しかし、自身の経験のときの条件と、現在の条件が同じとは限りません。かなり昔の経験であれば、そのときの条件と現在の条件は違うと考えるほうが自然です。環境やテクノロジー、地政学的な変化、社会的な変化などを考慮に入れなければいけません。

ところが、人間には、自分の体験、特に成功体験を過大評価し、普遍的な法則だと思い込むクセがあります。**本当はある特定の条件下でのみ有効なパターンにもかかわらず、どんな条件でも有効なパターンだと勘違いしてしまう**わけです。

個人で経験できることには限りがあります。自分がした経験は、ある特定の条件下のものだということを認識することは大切です。

③ 都合の良いパターンだけを見つけるワナ

自分の思い込みや願望、自説を強化する情報ばかり集め、反証する情報は無視したり軽視したりする傾向を、行動経済学では認知バイアスの一種である**「確証バイアス」**と呼びます。まさに確証バイアスの影響を受けた状態で、パターン認識を行ってしまうワナです。

パターン認識を行うためには、複数の具体的な事例が必要です。具体的知識を得るために、観察に先立っての多角的な情報収集が大切なのですが、それはまさにこの確証バイアスのような認知バイアスの悪影響を防ぐためです。

仮に多角的な情報収集を行って、観察をし、具体的知識の解像度を高めた状態であっても、パターン認識の際に確証バイアスが働いてしまっては、正しいパターン認識ができません。

では、こうしたワナを回避し、パターン認識力を高めるために有効な思考習慣を3つ紹介しましょう。

①「なぜ」を最低でも3回繰り返す習慣

問題に対峙したとき、「それがなぜか」を3回繰り返します。

3回の「なぜ」はそれぞれ目的が異なります。

1回目は、表面的な原因の特定をするためです。
2回目は、その原因の背後にある要素の理解のためです。
3回目は、組織や仕組みなどの構造的な問題の発見のためです。

例として、「新入社員の離職が増えている」という問題を取り上げてみましょう。

まず、「新入社員の離職が増えている」のが事実なのか、どれくらい離職が増えているのかを確認します。


そのうえで、1回目の「なぜ」です。

「なぜ新入社員が離職するのか？」

直接の原因を洗い出し、最も有力なものを特定します。

この例では「多くの新入社員が仕事についていけていない」ことが離職の有力な理由だと特定できたとします。

「新入社員でもできる仕事だけを振る」とか「仕事についていける新入社員を採用する」などの解決策もありえなくはないですが、ここでは「新入社員が仕事についていけるようにする」というのが素直な解決策です。

しかし、そのレベルでは根本原因までの施策にはなっていません。

2回目の「なぜ」に進みます。

「なぜ、多くの新入社員が仕事についていけていないのか？」

「新人に対しての教育体制が不十分だから」という理由が洗い出されたとします。

そこで、「各部署で新人研修を充実させる」という解決策が考えられます。悪くはありませんが、検討が不足しています。各部署でそれぞれ異なる形で研修をすることは非効率ですし、その試みが継続される保証もありません。

3回目の「なぜ」です。

「なぜ、新人に対しての教育体制が不十分なのか？」

「教育体制が不十分」という背景が、どのような構造的問題によって引き起こされたかを考えるわけです。

今回のケースでは「人材育成の重要性が組織で共有されていない」という問題が発見されたとします。人材育成の優先度が明確にされておらず、評価などの人事制度にも反映されていない状態でした。

そのため、上司は人材の育成に時間やお金を使うことはせず、売上目標の達成のために、新入社員を使い捨ての駒のように扱ってしまっていたようです。

人材育成と人材の維持の重要性を組織に浸透させ、そのための予算確保や、それに連動した人事制度（採用、育成、配属、評価など）に変更することによって、より長い期間、大きな効果を上げることができるはずです。

「3回のなぜ」1サイクルでは根本原因を特定できないこともあるでしょうから、そのときは2周、3周と繰り返します。また、目的の異なる1回目、2回目、3回目の「なぜ」においては、それぞれ1回では目的が満たせないこともあるでしょうから、そのときはそれぞれ2回、3回と「なぜ」を繰り返すことになります。

これらの場合、結果的には5回、6回以上の「なぜ」を繰り返すことになります。

②反例を意識的に探す習慣

パターン認識力を高める思考習慣のふたつめは、自分が見出したパターンに対して、**「当てはまらない事例」を積極的に探す**ことです。

先に述べた通り、人間には、自分に都合の良い事例ばかりを無意識に集めてしまう脳のクセ＝確証バイアスがあります。頭の中でパターンのイメージができていると、それに合った事例ばかりを集めてしまうのです。インプットに偏りがあると正しい推論はできません。

だからこそ、自分の見出したパターンに当てはまらない事例を意識的に探す必要があるのです。たとえば、ある仮説を立てたなら、それを否定する可能性のあるデータを集めようとしてみるわけです。

生成AIは、この反例探しの一助となります。「○○の立場から、この仮説を覆すデータや意見を教えて」とプロンプト（指示）を通じて生成AIの立場を指定することで、自分以外の、様々な視点からの意見を得ることができます。**生成AIを活用して、意識的に反例、反証を探してみるのもいい**でしょう。

③ 異なる分野の事例を意図的に収集する習慣

どちらかというとこれは「具体的知識」を充実させるための習慣ですが、効果としては「抽象化能力」の向上にもつながるものです。これまでも何度も申し上げていますが、「具体的知識」と「抽象化能力」は相互補完関係であり、相互依存関係にあるのです。

たとえば、ある業界で行うビジネスの問題に対峙しているとき、その業界のビジネスの事例を収集するだけではなく、他業界の取り組みや関連する歴史上の出来事、自然界の現象などの情報も意図的に収集してみるのです。

業界の常識が、他業界から見ると非常識ということも珍しいことではありませんし、専門家ゆえのバイアスを持っている可能性もあります。様々な視点で観察し、考えることの重要性も、繰り返しお伝えしてきた通りです。

異分野の事例を積極的に収集し、分野間の類似点と相違点を明確にしていきます。

そして、**応用可能な概念やフレームワークをまとめていく**のです。

より高いレベルの概念、フレームワークを見出すためには、より広い視野で事例を収集する必要があるのです。

定期的に異分野のセミナーや講演に参加したり、多様なバックグラウンドを持つ人とのネットワークを構築したりすることは、価値あることと言えます。

パターンが通じるかを見極める「適用判断力」

続いて、抽象化能力を構成する要素のふたつめ、適用判断力についてです。

適用判断力とは、識別されたパターンを適用する条件について判断する能力です。言い換えれば、「この方法がここでも通じるかな？」と見極める力です。「ここは違うぞ」と冷静に判断できるのもこの力のおかげです。

「昔は良かった……」

「私の若い頃は……」

「あのときはこうやって成功したのだから……」

こんなセリフを上司から聞いたことはありませんか？

特に管理職になって長く経っているベテランが、若手に対して「昔の成功体験」を語り出したら要注意です。

ここに、部長職についているUさんという人がいるとしましょう。

昭和生まれで、社会人として昭和、平成を生き抜き、平成の半ばに管理職になった人です。管理職経験は20年以上あります。

とても真面目で、地道な努力を続けられるタイプです。足で稼ぐ営業には定評があり、何度断られても諦めずに、粘り強く営業を続けるスタイルで、トップクラスの売上を維持してきました。

顧客や当時の上司からの理不尽とも思える要求も驚異的な忍耐力で乗り越え、信頼を得て、今日の地位に到達しました。5年前に部長に昇進してからは部内の重要事項の決済、承認や戦略を検討する業務が中心になっています。

ある月曜日の朝、U部長は部下の主任（28歳）を呼び出し、話し始めました。

「最近の若い人は根性が足りないよ。私の若い頃は、お客様に20回断られても諦めなかったものだ。粘り強く通い続けて、信頼を勝ち取って……」

主任は内心で深いため息をつきます。彼が担当するＩＴ企業の購買担当者から先週届いたメールには、こう書かれていたのです。

『度重なる営業訪問のご提案、ありがとうございます。当社では、サプライヤー様との商談はすべてオンラインでの実施を基本方針としております。また、商談に際しては、事前に製品の環境負荷データと、貴社のサステナビリティへの取り組みについての資料のご提出をお願いしております……』

しかしU部長は続けます。

「とにかく足を使って通うんだ。昼に行って断られたら、夕方にまた行く。それでも断られたら翌日の朝いちばんに行く。私はそうやって大口顧客を開拓してきた。粘り強さこそが営業の基本だよ」

主任は言いよどみます。

「あの……部長。今のお客様は、いきなり訪問されるのを嫌がるんです。アポイントのない訪問は、むしろマイナスになってしまって……」

U部長は眉をひそめます。

「何を言っているんだ。営業は人と人との信頼関係だろう。メールなんかじゃ、本当の信頼関係は築けないよ」

「昔の成功体験」に固執する人の末路

U部長は自分の成功体験の事例から、いくつかのパターンを認識し、それを金科玉条の如く信じています。それ自体は批判すべきことではありません。自分の経験を抽象化し、パターン化し、概念化ができているのは、一定のレベルの抽象化能力がある証拠です。

しかし、皆さんもお気づきのように、U部長の言動には重大な問題が潜んでいます。それは、自身の経験から見出した「足で稼ぐ」という成功パターンが、今の時代にそぐわないと認識できていないということです。

まさにこの、**過去の成功パターンが「今の状況でも使えるか」を正しく判断する能力**が「適用判断力」です。

U部長の「粘り強い営業」は、確かに20年前には効果的でした。当時は対面での商談が基本であり、決裁者との人間関係が重要な上、製品の性能と価格が主な判断基準という時代でした。

しかし、今の状況は大きく変わっています。現代はオンラインでの商談が基本であり、組織的な意思決定プロセスが多く、環境負荷やサステナビリティも重要な判断基準となっています。働き方改革による訪問規制なども存在しえます。

長い間、営業の現場から離れてしまっているU部長は、こうした現実について知識としては持っていたかもしれませんが、実感を伴った理解はできていなかったようです。

時代や状況の変化について正しく認識できていれば、かつての成功パターンが「通用」するかしないかをきちんと「判断」することができたでしょう。

特にこの10年の世の中の動き、技術の進歩などは、人類の歴史で最も速く、変化が大きかったと私は捉えています。ですから、かつての成功パターンが未だに通用するのかどうかは、常に自問自答しなければなりません。

もっと言えば、たった数年前の経験であってもすでに通用しなくなっていることも数多くあります。経過時間の長さだけでは判断できない時代になっているのです。

本書でも何度かお伝えしている通り、人間は**自分の成功体験を過大評価し、それを普遍的法則と思い込みやすい**という脳のクセを持っています。

そして、その成功が自分で独自に見出したパターンや概念によってもたらされたものであれば、「思い込み」はさらに顕著になります。それらのほとんどは、ある条件下でのみ有効なパターンであり、普遍的法則ではないのですが、その人にとっては「信念」となってしまいます。

そのような誤解を避けるためにも、**自分が導き出したパターンや概念を適用できない事例＝反例を、意識的に探そうとすることは大切**なのです。

パターンが成り立つとき、成り立たないとき

「反例を意識的に探す習慣」については「パターン認識力」の項でもお伝えしましたが、今回は少し意味合いが異なります。

パターン認識力のときは、より適切なパターンを「見出す」ための事例収集時に気をつけるポイントとして挙げました。ここでは、自分が見出したパターンが、現在の状況に「適用できるか」を考える際に気をつけるポイントとして挙げます。

私たちが見出すパターンの大半は、言い換えると**「ある条件下では高確率で発生し、それ以外の条件下ではほとんど発生しないもの」**です。

つまり、パターンが見出された条件と、今直面している条件が同じかどうかを確認

する必要があるということです。

このステップを忘れてしまうと、先述のU部長のようなことになってしまいかねません。U部長が自身の「成功パターン」を見出した時代の条件と、現代の条件が同じかどうかを考える必要があったわけです。

もちろん、パターンを見出したときの条件と、直面している条件がまったく同じということはむしろ稀です。

従って、**どの条件がそのパターンの発生に影響を与えているのかを明確に把握しておく**必要があります。

その際、パターンが高確率で発生する条件だけでなく、逆にパターンがほとんど発生しない条件についても把握しておくことが重要です。

また、パターンを発見した時点での観察事例の数（母数）が少ないと、その後の観察によって分布が大きく変化する場合があります。

このような場合に備えて、見出したパターンそのものだけでなく、その周辺や例外的なケースについても継続的に観察を行う必要があるのです。

そして、**見出したパターンが「なぜ発生するのか」を考える**のも重要です。理由がわからなければ説得力を欠きますし、気づいていない要因が変化することで、見出したパターン自体が成り立たなくなることもあるからです。

「適用条件」はどこへ消えた？

適用判断力の欠如は、こんなシーンにも見られます。

V工場長（55歳）は、最近の生産性低下の原因について、1か月前から持論を展開し続けています。

「私の経験から言って、こういう問題が起きるのは現場の基本動作が乱れているからだ。15年前の〇〇工場でも同じような問題があったが、3S運動（整理・整頓・清掃）を徹底して見事に解決した。今回も必ずこれでうまくいく」

しかし、生産技術課の主任（32歳）は困惑していました。データを見る限り、生産性低下の主因は新しく導入した業務システムの不具合による手戻りの増加です。それを示す客観的なデータも複数揃っています。

「工場長、データを見ていただきたいのですが……」

Ｖ工場長はさえぎるように返します。

「データ？　そんなものは後からついてくる。私の経験では、必ず基本動作の乱れが原因なんだ。明日から整理・整頓・清掃を徹底させることにする」

Ｖ工場長、適用判断力に問題ありです。

その思考を紐解いてみましょう。Ｖ工場長は、過去の経験から「生産性低下の根本原因は現場の基本動作の乱れ」という結論を導き出しました。

「生産性低下という事態が起きている」→「15年前の○○工場でも同じことがあった」→「あのときは基本動作の乱れを改善することで問題が解決した」→「つまり必要なのは、３Ｓ運動だ……」。

確かに15年前の○○工場では、基本動作の乱れが生産性低下の原因だったかもしれませんが、今回のケースが同じとは限りません。

しかし、主任の話を聞こうともしない様子を見ると、Ｖ工場長にとっては「生産性低下の根本原因は現場の基本動作の乱れ」は「信念」となっているようです。その信念に基づいて、根本原因を決めつけていると言い換えてもいいでしょう。

そして、「現場の基本動作の乱れ」を改善する手段は「3S運動の徹底」しかないと、こちらも決めつけています。

生産性低下の「根本原因」とそれを解決するための「手段」の組み合わせは、どんな状況でも当てはまると信じているようです。

無論、**「どんな状況でも当てはまる」というのは幻想**です。物理法則でもない限り、適用条件はあると思うべきです。そして、手段を吟味する際にも、根本原因に働きかけるものを考えるべきです。

V工場長は、自説を普遍的法則に近いものとして認識しており、どんな場合でも適用できると信じ込んでいました。

適用条件という発想そのものがなかったのです。

V工場長のように、自説に固執し、「適用条件」という発想を持てないケースはままあります。

また、今回のケースとは異なりますが、適用条件をなんとなくしか理解しておらず、きちんと言語化できていないため、適用できる条件なのに適用しなかったり、適用できない条件なのに適用しようとしてしまったりということもあると思います。

このような、「適用条件への意識が希薄」なケースに対する処方箋は、**自分が見出したパターンには必ず何らかの適用条件があるはずだと考えること**、です。

つまり、特定の条件下では成り立つが、それ以外の条件下では成り立たないはずで、それらの条件を明確に知って初めて、見出したパターンを活用できると肝に銘じる必要があるのです。

パターン認識ができるだけでは不十分で、明確な適用条件を知らなければいけないのです。

不愉快なデータにも存在する理由がある

適用条件はしっかり定義しているのに、現状をしっかり確認していないために、適用条件との差異が明確にできず、結果として判断を誤るケースもあります。

適用条件に対しての意識があることはとても大切ですが、それを有効に活用するためには、現状を正しく把握できていなければならないのです。

仮にV工場長に**適用条件への意識があったとしても、現状把握の不適切さゆえに判断を誤っていた可能性**は大いにあります。

なぜなら、主任が業務システムの不具合という明確な証拠を示そうとしているにもかかわらず、V工場長はそのデータを見ようともしなかったからです。

これでは、せっかくの適用条件の意識も無意味になってしまいます。

自説に対する思い入れが強いと、この問題は起こりがちです。**自分にとって不都合な情報やデータを軽視・無視することで、現状を正しく把握できなくなる**のです。「信念」に固執したV工場長のケースは典型的な例と言えます。

そこまで極端でなくても、こういったことは日常的にも起こります。ダイエットをしていて、体重が減ったときは自分の努力、体重が増えてしまったときは体重計の誤差で片付けてしまうのも同じ現象です。

自分にとって不愉快なデータに目をつぶりたくなる気持ちはわかります。しかし、そのデータには存在している理由があるはずです。その理由を知らないこと自体がリスクとなりえます。

まずは、そのデータがなぜ存在しているのか、それが何を意味しているのかを、偏見なく考えることです。

その際、様々な視点からそのデータを見てみる必要があります。自分の視点だけではなく、上司、部下、協力者、敵、ライバルなど、様々な視点でデータと付き合うことが大切です。

データを吟味した結果、自分を責めるような内容ではなかったということも往々にしてあります。必要以上に自己防衛的になり、過剰な反応をしても良いことはないのです。

「根拠のない楽観視」という最後の落とし穴

適用条件はきちんと言語化されており、現状と適用条件の違いもわかっているのに、最後の段階で適用可否の判断を誤ってしまうこともあるでしょう。

その多くは、**根拠のない楽観視**によるものです。

たとえば、4つの条件がすべて満たされている場合のみ、あるパターンは適用できるとわかっている状態だとします。そこで、3つの条件が満たされているだけで、「まあ、何とかなるだろう」と思ってしまうのです。

特に、4つ満たされていれば確実に適用できることはわかっているが、3つのときには適用できたりできなかったり……というような場合に、「何とかなるだろう」が顔を覗かせることが多いようです。

この場合、そのパターンを絶対に適用させるべきではない、と言うつもりはありません。

ですが、4つの条件が揃っている場合と同じ対応で良いはずはありません。

思い切って適用させるなら、**見出したパターンの適用が適切かどうかを確認するタイミング・方法を明確にし、適用すべきでなかったことがわかったときの対処方法を考えておく必要**があります。ギャンブルに出るためには、それだけの準備をする必要があるという話です。

状況に応じて切り口と粒度を変える「抽象化調整力」

抽象化能力を構成する要素のうち、パターン認識力、適用判断力について解説してきました。３つめは、抽象化調整力です。

抽象化調整力とは、**状況に応じて臨機応変に抽象度を調整し、抽象から具体、具体から抽象の移行ができる能力**です。

「Wさん、なかなか良いセンスしているね」

全社の重要プロジェクトを統括するプロジェクトマネージャーのXさんは、入社３年目のWさんを褒めました。

「経営会議での進捗報告も的確だし、複数のプロジェクト間の依存関係も正確に把握できている。この前のステアリングコミッティ※での報告も、プロジェクト全体の課題が簡潔にまとまっていてよかったよ」

一方、開発部門の現場を預かるY部長は、同じWさんについて不満気です。

「あの子、何を考えているのかわからないんだよね。具体的に何をするのか、実装の詳細を聞いても、いつも『全体最適化を図ります』とか『システム間の整合性を重視します』とか、抽象的な話ばかりで……。現場が動くためには、具体的にどのモジュールをどう修正するのか、どんなテストをするのかまで決めないといけないのに」


なぜ、同じ人物に対してこれほど異なる評価が生まれるのでしょうか？

Xさんの立場では、個々のプロジェクトの詳細よりも、プロジェクト間の関係性や、全体としての進捗状況、リスクの把握が重要です。Wさんによる抽象度の高い報告は、この目的に適していました。

一方、Y部長は開発現場の責任者として、具体的な実装計画や作業工程の詳細を必要としています。抽象的な表現では、実際の作業に落とし込めないのです。

つまり、**相手の求める抽象度に適切に対応できている場合は高い評価を得られ、抽**

象度が合っていない場合には低い評価になるのです。

ここで重要なのは、**まず適切な抽象化の軸を見つける**ことです。どんなに抽象度を変えても、軸が間違っていては効果的なコミュニケーションは望めません。

先ほどの例で言えば、Wさんは経営層に対してプロジェクトの全体像、経営層が知るべき課題を簡潔に伝えることができました。これは経営層向けの抽象化の軸として適切です。

しかし、開発部門の現場の責任者であるY部長は、具体的な実行計画を立てる必要があり、実装計画や作業工程に関する具体的なアクションプランを示すことができる情報を必要としていました。Wさんの報告はまず抽象化の軸が不適切だったわけです。

さらに、Y部長にとっては抽象度が高すぎる話をしています。抽象化の度合いも不適切だったと言えます。

それぞれの立場で必要とする情報とその抽象度が異なることを意識しなければなら

※プロジェクトの最上位の意思決定機関。プロジェクトオーナーをはじめとした重要なステークホルダーが参画

ないのです。

抽象化調整力を高める5つのポイント

「抽象化の軸」と「抽象度」を適切に選択するためには、以下の5つのポイントに留意するといいでしょう。

① 目的を見極める

「目的」の重要性は繰り返しお伝えしてきましたが、ここでは新たな観点を紹介します。

それは、**ほとんどの活動には「公式の目的」と「隠れた目的」がある**ということです。このような前提に立っていれば判断を誤りにくくなります。

たとえば、新システム導入の検討会議を考えてみましょう。

公式の目的は「新システムの導入是非の判断」です。この目的に対しては、費用対効果や技術的な実現可能性という軸で議論を組み立てることができます。

しかし、参加者にはそれぞれ異なる思惑（隠れた目的）があります。

情報システム部門の責任者は「自部門の人員が足りない」というメッセージを込めたいと考えていて、現場の管理職には「部下の残業を減らしたい」という切実な願いがあり、経理部門の担当者は「予算の配分で自部門に不利にならないか」を懸念しているわけです。

明文化された「公式の目的」だけでなく、「隠れた目的」についても意識できると、適切な抽象化の軸はぐっと見つけやすくなります。

② 対話を通じて軸を見つける

公式の目的は文書化され、公開されていることが多いため、その認識は容易です。一方で**隠れた目的は、対話を通じてしか見えてこない**ことが多いものです。

「この情報システムについて、特に気になる点は何でしょうか？」「導入後の運用体制について、どのようにお考えですか？」「他部門との関係で懸念されることはありますか？」

このような問いかけ・対話を通じて、参加者それぞれの本質的な関心事が見えてきます。その関心事こそが、その人にとっての適切な抽象化の軸となります。

③ 複数の軸を組み合わせて議論を組み立てる

公式の目的に沿った議論の中に、個々の思惑に対する配慮を織り込んでいく必要があります。

先ほどの例だと情報システム部門、現場の管理職、経理部門の担当者はそれぞれ異なる関心・懸念を持っていました。

情報システム部門の関心に応えるためには、「運用体制」という軸で「新システム導入後の業務量」と「必要な体制」という話を織り込む必要があります。

現場の管理職の関心に応えるためには、「業務効率化」という軸で「具体的な残業削減効果」という話を織り込む必要があります。

また、経理部門の担当者の関心に応えるためには「投資対効果」という軸で、「部門間の公平な予算配分」の話を織り込んでいくわけです。

それぞれの軸で、相手の理解度や必要性に応じた抽象度で説明していきます。

④ 相手の反応を読み取り、理解度を確認する

抽象度を正しく調整するためには、相手の反応を正確に読み取ることが重要です。身振り手振りなどの**非言語コミュニケーションを注意深く確認すると、相手が感じていることのヒントが見つかります。**

たとえば、資料にじっと集中している、話者を見る、他の参加者と目を合わせる、などの目線の動き。あるいは、メモを取る、資料に印をつける、スマートフォンを触り始めるなどの手の動き。

姿勢の変化も起こります。前のめりになったり、後ろに寄りかかったり、腕を組んだり、逆に組んでいた腕を解いたり。困惑、安堵、不安、興味などがはっきりと表情に表れることもあります。

たとえば新システム導入の説明で見られる典型的な反応には、こんな推測ができます。

「この新システムは業務効率を大幅に向上させます」

- 腕を組んで身を引く → 抽象的すぎて、実感がわかない
- ため息をつく → 同じような話を何度も聞かされている？

。そわそわし始める↓具体的な説明を求めているのかも
。ペンを持つ↓より詳しい説明を求めている
。首を傾げる↓自動化に不安がある?
。姿勢を正す↓自分に関係する話題に興味を持った
「たとえば、経理部門での伝票処理が自動化されます」
。資料をさかのぼるようにめくる↓前の説明との整合性を確認したい
。隣の人と目を合わせる↓現場での実現可能性に疑問?
。うなずきながらメモを取り始めた↓より具体的な説明が必要
「自動化により、月次決算の処理時間が半分になります」

このように、言外の動きや反応は、説明の抽象度や方向性を調整する重要な手がかりとなるのです。

なお、ここでお話ししている「相手の反応を読み取る」ということは、いわゆる

「空気を読む」こととは本質的に異なります。

「空気を読む」とは、往々にして集団の暗黙の同調圧力に従うことを意味します。しかし、ここでお話ししていることは、相手により詳しく理解してもらうため、そして相手の本質的な関心事を把握するために、反応を観察することです。

相手の反応を読み取る目的は、より良いコミュニケーションを実現し、本質的な議論や相互理解に到達することにあります。決して、表面的な同調や困難な話題の回避ではないのです。

⑤ 全体最適を見失わない

個々の思惑に配慮することは重要ですが、それは決して「思惑に迎合する」という意味ではありません。

それぞれの思惑の背景にある本質的な課題を理解し、全体最適の中でそれらをどう扱うかを考えることが重要です。

抽象化調整力を高める5つのポイントをお伝えしました。この能力は単なるスキルではなく、相手への理解と配慮に基づく、コミュニケーションの本質的な力とも言えます。

対話に応じて適切な抽象化の軸を見つけ、その軸に応じた話をする際も、ひとつの説明方法に固執せず、相手と目的に応じて抽象度を調整する。

この習慣を身につけることで、より効果的なコミュニケーションが可能になるのです。

COLUMN

生成ＡＩ時代の「抽象化能力」

生成ＡＩの登場により、膨大なデータを解析し、意思決定を支援する新たな可能性が開かれています。しかし、生成ＡＩの能力は万能ではありません。示された結果を文脈に応じて解釈し、適切な行動に結びつけるには、人間の「抽象化能力」が欠かせません。

私の定義する抽象化能力は、パターン認識力、適用判断力、抽象化調整力という3つの力で構成されています。これらはすでに説明した通りですが、生成ＡＩ時代においては特に、それぞれの力を組み合わせて活用する必要があります。

①パターン認識力：データを文脈に結びつける

生成ＡＩはデータから膨大なパターンを見出しますが、その中から本質的な要素を見極めるのは人間の役割です。生成ＡＩが示す結果をそのまま受け入れるのではなく、その背景にある文脈や因果関係を見抜くことで、より深い洞察が得られます。

たとえば、生成ＡＩが「若者はエコ商品を好む」というトレンドを示したとします。その背景には「どのようなエコ商品が選ばれているのか」「環境意識がどの程度影響しているのか」といった情報が隠されています。これを読み取ることで、単なるトレンド以上の価値ある知見が得られます。

②適用判断力：状況に応じた選択を行う

生成ＡＩが示した結果がすべての場面で有効とは限りません。生成ＡＩが提供する情報を「どの状況で使えるか」を見極める適用判断力がなければ、効果的な意思決定は難しくなります。

たとえば生成ＡＩが複数の戦略案を提案してきたとき、現在の市場環境やリソースを踏まえたうえで、最適な選択肢を選ぶ力が求められます。単にデータを活用するだけでなく、その適用可能性を見極めるのです。

③ 抽象化調整力：プロンプト設計と情報活用のカギ

生成ＡＩとの対話においては、適切な抽象度でのプロンプト（指示）を与えることが重要です。具体的すぎる指示は汎用性のない結果を、抽象的すぎる指示はあいまいな結果をもたらします。

生成ＡＩにプロンプトを投げかける際、「具体的な質問をするべきか、抽象的なフレームワークを与えるべきか」を判断するのは抽象化調整力です。たとえば、あるプロジェクトの戦略を立てる際、生成ＡＩに「マーケティング戦略を教えて」と抽象的に聞く場合と、「20代向けのＳＮＳキャンペーン戦略を提案して」と具体的に聞く場合では、得られる結果が大きく異なります。

また、どの抽象化の軸で生成ＡＩに質問するかを選ぶことも重要です。「顧客満足度向上」という抽象化の軸でプロンプトを設計すれば、サービス全体の改善提案が得られる可能性があります。一方で、「商品レビューのポジティブ要因」という軸で聞けば、具体的な商品特性の分析結果が得られるでしょう。

このように、生成ＡＩとの対話を効率的かつ有益にするためには、状況に応じた抽象度や軸の選択が重要です。抽象化調整力がなければ、生成ＡＩのポテンシャルを最大限に引き出すことは難しくなります。

さらに、生成ＡＩの示した結果を実務に活かすためには、それを適切な抽象度に調整する能力が必要です。生成ＡＩが提供する情報を、状況や相手に応じて適切なレベルに翻訳する力が、これまで以上に重要になっています。

考えるのをやめるか、より深く考えるか

生成ＡＩは膨大なデータを処理し、特定のパターンを提示する力に優れています。一方で、その結果を適切に解釈し、全体像を描き、具体的な行動に結びつける力は人間に依存します。生成ＡＩは「過去と現在」を示すデータを提供しますが、「未来へのビジョンを描く」のは人間の役割です。この補完関係を活用できて初めて、新しい価値が生まれるのです。

ただ、私が強く懸念しているのは「生成ＡＩが便利すぎるあまり、人間が自分で考えることをやめてしまう」流れが加速する可能性です。何でも生成ＡＩに聞き、答えらしきものをそのまま鵜呑みにするだけでは、せっかくの思考力や発想力が育ちません。こうして〝自分の頭で考えることを放棄する〟人が増えてしまえば、抽象化能力

どころか未来への創造力も失われかねないでしょう。

一方で、生成ＡＩを〝思考を深めるためのツール〟として活用する人も確実に出てきます。彼ら彼女らはＡＩが提示するデータや案を批判的に吟味し、さらに自分の経験や問題意識を組み合わせることで、より深い洞察に到達するのです。たとえば、「なぜこの答えが導き出されたのか？」「その背後にある前提や欠けている視点は何か？」「自分の考えの弱点は何か？」などを問い直す姿勢こそが、ＡＩと人間の協働を最大限に活かすカギとなります。

こうした〝考えるのをやめる人〟と〝より深く考える人〟の二極化は、今後ますます顕在化するでしょう。私は本書の読者の皆さんに、ぜひ後者の方向を選んでいただきたいと願っています。ＡＩに思考を任せきりにせず、本書で紹介している「具体×抽象」の視点や抽象化能力を磨きながら、自分なりの問いを立てて深く掘り下げる。それこそが、新しい時代を切り開く「人間ならではの力」だと思うのです。

生成ＡＩという強力なツールを手にした今こそ、私たち人間が「考え続ける」姿勢を保ち、抽象化能力を高め続けることで、社会やビジネスの未来が豊かになっていくのではないでしょうか。

思考スタイルを高めるアプローチ

向上のための効果的なバランス

ここまで、「具体的知識」と「抽象化能力」の両方をバランスよく向上させることが、思考スタイルを高め、嚙み合わない会話を減らす近道になるとお伝えしてきました。

しかし、実際にどのように両方を鍛えるのかは、悩ましい課題かもしれません。そこで最後に、段階的に思考スタイルを高める実践的なアプローチを整理し、まとめておきます。

①まずは「具体的知識」を着実に高める

たとえば、ある分野について具体的知識のレベルが1、抽象化能力のレベルも1という初期段階の人を考えてみましょう。この場合、いきなり抽象化能力を引き上げようとしても、土台となる具体的な情報が乏しく、分析やパターン認識をする材料がありません。

従って、最初の一歩としては具体的知識のレベルを2に上げることをオススメします。

。解像度を上げる：目の前の事柄をより細かく観察し、事実と解釈を混同しないように記録する。たとえば業務なら、実際にどんな手順があり、どのようなトラブルが起きやすいかを詳細に把握する。

。視野を広げる：時間軸を意識したり、他部署や他分野の人の視点を取り入れたりして、対象を多角的に理解する。周辺の背景・文脈までを知ることで、より正確な全体像が見える。

こうして「解像度×視野」を高めていくと、得られる情報の質が向上し、それを基に考える際の精度も上がります。

②「抽象化能力」を足がかりにレベルアップ

ある程度の具体的知識（レベル2）を得たら、それを踏まえて抽象化能力のレベル2を目指してみましょう。ここでカギになるのが「パターン認識」と「適用条件の見極め」です。抽象化能力レベル2では、完璧な「適用条件の見極め」はできませんが、早い段階からそれを意識することは重要です。

- パターン認識：収集した具体例を比較し、共通点と差異を洗い出す。たとえば、うまくいったケースと失敗したケースを対比させ、表面的な類似点だけでなく、本質的に共通する要因を探す。
- 適用条件の把握：見出したパターンが、どんな条件下で成立するのか、またどんな条件が外れると通用しなくなるのかを明確にする。成功事例と失敗事例の両面から検証し、限界点やリスクを把握する。

このようなプロセスを通じて、抽象化能力が一段上がると、同じ情報量でもより深い洞察が得られるようになり、次の段階へとスムーズに進めるようになります。

③再び具体的知識をレベルアップし、本質思考の実践へ

具体的知識がレベル2、抽象化能力もレベル2に達したら、再び具体的知識をレベル3へと伸ばすことをオススメします。思考の利き手が抽象の人は、先に抽象化能力を伸ばしてもいいかもしれませんが、一般的には先に具体的知識をレベルアップし、それを足がかりに抽象化能力をレベルアップする流れをオススメします。

具体的知識のレベルを3に上げるためには、事例を集めるだけではなく、その背後にある歴史や文化、社会的要因、技術的要因などに目を向ける必要があります。

それらの具体的知識を足がかりに抽象化能力を3に上げるのです。この際、特に重視しなければいけないのが「適用判断力」です。

④再び具体的知識をレベルアップし、システム思考の実践へ

具体的知識レベル4、抽象化能力レベル4を目指す段階では、システム思考の育成が重要になります。

そのためには、まず具体的知識のレベルを4にすることが必要です。抽象化能力をレベル4＝システムモデル化にするためには、システムの構成要素を識別しないと始

まりません。要素間のつながりを把握し、直接的・間接的な影響を理解し、フィードバックループを認識する力を養います。

これにより、全体としての振る舞いを予測することが可能になり、最終的には異分野への知見の転用や新しいパターンの発見、革新的な解決策の考案といった創造的な応用も可能になっていきます。

このように、具体的知識が高まるたびに、さらに高い抽象化能力——システム思考レベルにまで到達するための礎が築かれるのです。

思考の利き手を考慮した柔軟な調整

もちろん、人によっては「もともと抽象的な理論を学ぶほうがラク」という思考の利き手を持つケースもあります。その場合、理論や法則を先に吸収してから具体的知識を詰めるほうが効果的な場合もあるでしょう。

しかし、いずれの利き手であっても、具体的知識は、最低でもレベル2程度までは早めに習得しておくのがオススメです。そこまでくれば、理論や法則を理解するときに無用な混乱を減らせるからです。**具体的知識の充実は、抽象度の高い思考を支える**

土台でもあると言えます。

「具体的知識×抽象化能力」の相乗効果

このアプローチの大きな利点は、**段階を踏むごとに好循環が生まれる**ことです。具体的知識が増えるほど抽象化能力が高まりやすくなり、抽象化能力が高まるほど効率的に新たな知識を取り込めます。

日々の業務や学習の場面でも、そのレベルアップを体感しやすいでしょう。将来的には、他分野へ応用する際にも役立ち、組織内のイノベーションや個人のキャリア形成にも大きな力を発揮していくはずです。

こうしたプロセスを踏みながら思考スタイルを高めていけば、コミュニケーションの齟齬を減らすだけでなく、複雑な問題にも柔軟に対処できる「本質思考の実践者」、「創造的システム思考の実践者」に近づいていけるはずです。

おわりに

嚙み合わない会話は新しい理解への入口

ウェルビーイング――人々が心身ともに充実し、生きがいを感じながら暮らせる状態。

私が深く関わっている慶應義塾大学大学院システムデザイン・マネジメント研究科（SDM研究科）では、この「ウェルビーイングに満ちた未来の実現」がひとつの重要な命題になっています。

本書が目指す「嚙み合わない会話」の解消は、まさに個人・組織のウェルビーイングに直結するものです。人と人との対話がスムーズになり、お互いを尊重できるようになれば、より健康的で幸福度の高い毎日を送れるだろう――そんな想いが、本書の原動力になっています。

「嚙み合わない会話」というテーマを掘り下げる中で、本書では、コミュニケーションの背景にある「具体的知識」と「抽象化能力」の違い、そしてそれが引き起こす誤解やすれ違いについて詳しく探ってきました。

「具体的知識」と「抽象化能力」というふたつの要素は、一見すると対立する概念のようにも見えますが、どちらもコミュニケーションの本質を捉えるうえで欠かせない車の両輪のようなものです。具体に偏りすぎると目先の細部にとらわれ、抽象に偏りすぎると現場のリアリティを失いがち。だからこそ、どちらのレベルも高め、必要なときに適切なバランスを取れる柔軟性が必要です。

これは、私がSDM研究科で追求してきた本質思考の真髄とも言えます。

本質思考は「今、この状況で最も大切なものは何か」を常に見極める習慣でしたが、じつは人間関係やコミュニケーションの中でも非常に強力な武器になります。

部下やチームメンバーとのやり取りであれ、家族や友人との会話であれ、会話の背景や相手の状況を見据えながら「今どんなレベル感で話せば通じやすいか」を意識するだけで、噛み合う度合いが大きく変わってくるものです。

もちろん、本書で紹介した思考スタイルの診断や会話の事例は、あくまでひとつのヒントであって、絶対的な答えではありません。あなたや周囲の人々のコミュニケーションは、仕事・家庭・地域コミュニティなど多様な文脈で成り立っているからです。ただし、思考スタイルに差があること、具体と抽象のレベルが異なることを知っていれば、トラブルや誤解を減らす糸口になるでしょう。そこから本質を見極め、「ではどう対応すればいいか」を考えるのが、本質思考を活かしたコミュニケーションの第一歩です。

私たちはそれぞれ異なる思考スタイルを持っています。具体に偏る人、抽象に偏る人、そしてその中間にいる人。それぞれが自分なりの「正しさ」を信じ、相手と対話を試みる中で、思いがけない摩擦が生じることがあります。しかし、それは「間違い」ではありません。むしろ、この違いこそが、コミュニケーションに深みと豊かさをもたらす可能性を秘めています。

「噛み合わない会話」は新しい理解への入口なのです。相手と自分の違いを発見し、それを埋める努力をする。それができる人は、対話を通じて自分自身を成長させ、他者との関係をより良いものにしていくことができるはずです。

本書の中で紹介した事例やアプローチが、皆さんの日常生活や職場でのコミュニケーションに少しでも役立つことを願っています。そして、自分と相手の思考スタイルの違いを理解し、それを乗り越える力をつけていただければ嬉しく思います。

どうか明日からの対話の中で、本書で得た視点や考え方を試してみてください。そして、たとえまた会話が噛み合わなかったとしても、それを「発見」のチャンスとして捉えてみてください。

すれ違いを乗り越えた先にこそ、心が通い合う瞬間があります。その一歩を踏み出すためのヒントとして、この本が皆さんの役に立つことを心より願っています。

最後に、ウェルビーイング研究の第一人者であり、SDM研究科とのご縁をくださった前野隆司教授に深く感謝申し上げます。初代委員長の狼嘉彰先生と前野先生に初めてお会いした日は今も鮮明に覚えています。

ウェルビーイング研究の第一人者である先生との出会いがあったからこそ、私も「人々の幸せや豊かさにつながるコミュニケーション」を強く意識するようになったのだと思います。

そして、前野先生とのご縁でご紹介いただいた、株式会社プレジデント社の柳澤勇人氏に深く感謝いたします。執筆に当たり、多大なサポートとご助言、そして素晴らしい編集をありがとうございました。こんなに面倒くさいオヤジに半年以上にもわたってお付き合いいただいて本当にありがとうございます。

また、ＳＤＭ研究科でお世話になっている当麻哲哉教授、本書の内容の草稿をnoteに投稿した際に感想、助言をくれた皆さん（特にＳＤＭ研究科の学生、社会人向け研修に参加した有志の勉強会チームXメンバー）、ありがとうございました。

何より、本書を手に取ってくださった皆さん、ここまでお付き合いいただき、心から感謝いたします。本書が少しでも皆さんのウェルビーイングにつながれば、この上ない幸せです。

またどこかでお会いできることを楽しみにしております。

２０２５年３月

米澤創一

米澤創一　よねざわ・そういち

慶應義塾大学大学院システムデザイン・マネジメント研究科（SDM研究科）特別招聘教授。京都大学経済学部卒業後、アクセンチュア株式会社に入社。日本におけるプロジェクトマネジメントグループ統括、SAPプラットフォーム統括、新人教育責任者、品質保証責任者、グローバルSAP組織における教育責任者などを歴任。2008年のSDM研究科設立時から教鞭をとり、物事を本質的な問題解決に導くための「本質思考」を用いてプロジェクトマネジメントを教える講義は学生満足度97％（満点の5をつけた割合）と圧倒的な支持を受けている。大学院教員のほか、講演・セミナー活動、プロジェクトマネジメントのコンサルティングなどに従事。一部上場企業での研修実績も多数。著書に『プロジェクトマネジメント的生活のススメ』（日経BP）、『本質思考トレーニング』（日本経済新聞出版）がある。

レベル			
具体的知識	抽象化能力	思考スタイル	特徴
2	2	自分のやり方が正義な人	◦ 自分の経験から独自の概念やパターンを作り上げることができるが、それを普遍的な法則だと思い込む傾向がある ◦ 似たような状況と判断した場合では過去の成功パターンをそのまま適用しようとする ◦ 対象については詳細に把握しているが、外部要因による影響については見落とすことがある
3	1	知識の持ち腐れな人	◦ 具体的な事実や経験を重視し、個別に捉える傾向が強い ◦ 抽象化、一般化は苦手で、具体例や実例を通じてものごとを理解し、説明する傾向 ◦ 相手に合わせたコミュニケーション方法を取ろうとせず、自分の知っている専門的な詳細情報や自分の経験の詳細を話す傾向
1	3	すぐに見切りをつけてしまう人	◦ 少ない経験、情報から、持ち前の高い抽象化能力によって法則化しようとする ◦ インプットとなる情報が不足していることは認識していることが多い ◦ ある特定の分野のみ「すぐに見切りをつけてしまう人」であり、それ以外は具体的知識レベル2×抽象化能力レベル3「現場もわかる理論家」以上のはず
3	2	話のわかる専門家	◦ 自分の経験、広範な知識から独自の理論を作り上げることができる ◦ 強いて言えば、適用判断力に弱点がある
2	3	現場もわかる理論家	◦ ある程度の具体的な知識や経験を持ちながらも、それ以上に抽象化・一般化する能力が高い ◦ やや実務経験、具体的知識は限定的ながら、理論的な理解と現実の接点を見出すことができる
3	3	本質思考の実践者	◦ 豊富な具体的知識と高い抽象化能力を併せ持つ ◦ 経験を体系化し、広く応用できる ◦ 理論と実践を効果的に結びつけられる ◦ 状況に応じて具体と抽象を自在に行き来できる ◦ 相手の理解度に合わせて説明の抽象度を調整できる ◦ 長期的な将来予測に対しては精度が低い可能性がある
4	4	創造的システム思考の実践者	◦ 対象そのものだけでなく、それを含むシステム全体を深く理解し、システム内の構成要素間の関係性も明確に把握できる ◦ システムレベルでのパターンを見出し、それを新しい理論やモデルとして昇華できる ◦ ひとつの領域での経験から、まったく異なる領域にも適用可能な本質的な知見を見出せる ◦ 未来予測や複雑系の問題解決において高い精度を実現できる ◦ 長期的な問題解決の最適解を見出すことができる ◦ 具体と抽象を自在に行き来でき、状況に応じて最適な抽象度を即座に判断できる

本書で解説した「思考スタイル」一覧

レベル 具体的知識	抽象化能力	思考スタイル	特徴
1	0	同じような失敗を繰り返す人	◦経験から学ぶことができず、同じような失敗を繰り返す ◦目の前の具体的なことや、実際に経験したことについてしか、話が通じない ◦会話の文脈や目的を理解せず、聞こえてきた単語に反応する ◦相手の状況を考慮せず、自分の経験や思いつきを一方的に話す ◦指示の意図を理解できず、言葉通りの解釈しかできない
0	1	右も左もわからない人	◦ものごとを正確に認識・把握することができない ◦見えているものが事実なのか思い込みなのかの区別があいまい ◦誤った情報に基づいて、基本的なパターン認識を行おうとする ◦自分の持っている情報があいまいであることを自覚していない ◦指示された内容を正確に把握できず、思い込みで行動してしまう
1	1	あいまいな答えしか返せない人	◦解像度が不十分なため具体的知識が欠如している ◦対象を詳細に観察・把握できていないため、特徴を正確に説明できない ◦相手が求める精度の情報を持ち合わせておらず、大まかな印象レベルの回答しかできない
1	1	半径30センチの世界にいる人	◦視野が不十分なために、対峙している事象の全体像が見えていない ◦見えている自分の担当範囲の一部は詳細まで把握しているが、その外側に対しては関心も知識も乏しい ◦見えているものがすべてと考えがちで、それに基づいて判断してしまう
1	1	何でも単純化してしまう人	◦抽象化能力の低さが表れている状態 ◦質問の意図、会話の目的を把握できず、質問に正しく答えられなかったり、会話泥棒になってしまったりする ◦二者択一的な思考に陥りやすく、中間的な選択肢や複数の要因が組み合わさった可能性を考慮できない
1	2	フワフワした話をする人	◦ものごとの詳細を正確に把握できていないのに、抽象的な概念を使って説明しようとする ◦実態を伴わない理論や一般論を語る ◦聞こえの良い専門用語らしきものを多用する ◦具体的な質問をされると途端にあいまいになり、「それは表面的な問題です」「もっと大きな視点で見るべきです」などのように、はぐらかすような回答をしがち
1	2	自分だけの理想にのめり込む人	◦限られた経験や狭い視野からの観察だけで、大きな理論を組み立てようとする ◦自分の見ている範囲だけで一般化してしまう ◦考慮すべき要素を見落としたまま壮大な提案をするため、実現可能性が低い案になりがち
2	1	教科書通りにしかできない人	◦担当分野については詳しい知識を持ち、定型的業務、知識を問う業務はこなせる ◦与えられた手順や基準に従う作業は得意だが、例外的な事態、想定外の事態に対応できない ◦抽象的な話を自分の知識内の具体例に強引に当てはめて理解したつもりになることが多い

なぜ、
あの人との会話は噛み合わないのか

2025年4月14日　第1刷発行

著者　米澤創一

発行者　鈴木勝彦
発行所　株式会社プレジデント社
〒102-8641
東京都千代田区平河町2-16-1
平河町森タワー13F
https://www.president.co.jp/
https://presidentstore.jp/
電話　03-3237-3732（編集）
　　　03-3237-3731（販売）

ブックデザイン　阿部早紀子
本文組版・図版　株式会社キャップス
校閲　株式会社文字工房燦光

販売　高橋 徹　川井田美景
森田 巌　末吉秀樹　庄司俊昭　大井重儀
編集　柳澤勇人
制作　関 結香

印刷・製本　中央精版印刷株式会社

©2025 Souichi Yonezawa
ISBN 978-4-8334-4077-6 Printed in Japan
落丁・乱丁本はお取り替えいたします。